地球の歩き方

[ぷらっと]

Plat
VLADIVO
STOK

⑰ ウラジオストク

- TODO LIST
- GOURMET
- SHOPPING
- AREA GUIDE
- INFORMATION

CONTENTS

- 4 ウラジオストク　エリアナビ
- 6 ウラジオストク観光　72HOURモデルプラン
- 10 本書の使い方

Plat VLADIVOSTOK
地球の歩き方
[ぷらっと]

10 THINGS TO DO ☑ IN VLADIVOSTOK
11 ウラジオストク でしたいこと＆でしかできないこと

12	☑	**01**	シベリア横断鉄道の始発駅 **ウラジオストク100年駅舎を訪ねる**
16	☑	**02**	この町で最も高い場所へ **港を見渡す 極上の夕景に立ち会う**
20	☑	**03**	最新スポットに注目! **グム百貨店の路地裏を散策する**
24	☑	**04**	日曜の朝は訪ねてみたい **ロシア正教のディープな教会ミサ巡り**
26	☑	**05**	意外な場所にもいっぱい! **港町でネコ探し**
28	☑	**06**	100年走り続けている **レトロな路面電車に乗ろう**
30	☑	**07**	ロシア文化に触れる **旅先でも気軽に楽しめる体験にトライ**
38	☑	**08**	ワンデイトリップのすすめ **電車に乗って近郊の町に出かけよう**
42	☑	**09**	1泊2日で体験できる **夜行寝台「オケアン号」に乗ってハバロフスクへ**
44	☑	**10**	フォトジェニック・ウラジオストク! **プロが解説する すてきな写真の撮り方講座**

48 **Column** 日本人バレリーナも活躍 本場のバレエを観に行こう

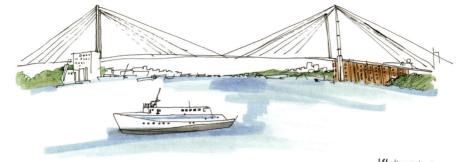

Vladivostok harbor

GOURMET & SHOPPING

49　ウラジオストクの定番料理&ローカルプロダクト

- 50　ウラジオストク グルメナビ
- 52　本場のロシア料理を味わおう
- 54　スターローヴァヤで庶民の味に親しもう
- 56　PACIFIC RUSSIA FOOD の世界へようこそ
- 58　中央アジア料理にトライ！
- 60　カフェスイーツを楽しもう
- 62　夜の街に繰り出そう
- 64　ローカル気分で市場散策
- 66　スーパーマーケットへGO！
- 68　ロシアならではのおいしいモノをセレクト
- 70　ぬくもりレトロ雑貨を見つけよう
- 72　シブいみやげを発掘する

AREA GUIDE

73　ウラジオストクエリアガイド

- 74　ウラジオストク駅周辺
- 76　グム百貨店周辺
- 82　噴水通り周辺
- 86　鷲ノ巣展望台周辺
- 90　ルースキー島周辺
- 92　郊外&空港周辺
- 81　Column　パヴェルさんと歩く路地裏アート
- 88　Column　ロシアのアニメファンと交流しよう
- 89　Column　Tokyo Kawaiiの不思議な世界
- 94　Column　ロシアの冬を楽しもう
- 96　Column　日本にゆかりのあるスポットをご案内

HOTEL

98　ウラジオストクのおすすめホテル

TRAVEL INFORMATION

101　旅の基本情報

- 102　ウラジオストクの基本情報
- 106　ウラジオストクの年間イベント情報
- 108　ウラジオストクへの行き方
- 109　電子簡易ビザの申請方法
- 110　ウラジオストク入出国
- 112　空港から市内へ
- 113　ウラジオストクの交通案内
- 116　ウラジオストクの歴史
- 117　旅の安全対策
- 118　ミニロシア語会話
- 119　ウラジオストクの最新情報をゲット！
- 120　INDEX

MAP

- 122　ロシア沿海地方
- 123　ウラジオストク広域図
- 124　ウラジオストク中心部
- 126　ウラジオストク駅・噴水通り周辺
- 127　グム百貨店周辺

VLADIVOSTOK AREA NAVI

ウラジオストク 早わかりエリアナビ

日本海に面したウラジオストクは、ムラヴィヨフ・アムールスキー半島の先端に位置する港町。見どころは市内中心部に集中し、郊外やルースキー島に点在している。

Close Up! ウラジオストク 市内中心部エリアナビ

中央広場から西は海岸通り、南はウラジオストク駅、東は金角湾大橋までの一帯が中心部で、見どころの大半が集中している。ここは徒歩で十分回れる。郊外には路線バスやタクシーを利用する。

A シベリア横断鉄道の始発駅
ウラジオストク駅周辺 ▶P.74
Железнодорожный вокзал г. Владивостока

博物館や美術館、コンサートホールなどの文化施設が集まる。市内東部のキタイスキー市場などへ行く路線バス（31番）は駅前から出る。町歩きのスタートはここから。

B 港に面した観光地エリア
グム百貨店周辺 ▶P.78
Большой ГУМ

創業120年のグム百貨店の裏路地におしゃれなカフェやレストランが急増中。港側に向かうと、ニコライ2世凱旋門などの観光スポットが集中している。

C ビーチにつながる歩行者天国
噴水通り周辺 ▶P.82
Улица Адмирала Фокина

夏は海水浴場にもなるスポーツ湾へ向かう1本の歩行者天国を通称「噴水通り」と呼ぶ。おしゃれやカフェやバー、雑貨店が並ぶ。食事も買い物も楽しめる。

D 見晴らしのいい散策スポット
鷲の巣展望台周辺 ▶P.88
Видовая площадка [Орлиное гнездо]

港の全貌が見渡せる鷲の巣展望台にはケーブルカーで行ける。乗り場の周辺はプーシキン劇場や旧東洋学院などの閑静な文化エリア。金角湾大橋は目の前にある。

E 路線バスに乗って近郊へ
市内近郊 ▶P.92
Предместья

市内から路線バスやタクシーに乗って30分圏内にもさまざまな見どころがある。東の郊外にあるクラシックカー博物館もそのひとつ。路面電車に乗れるのも東部地区。

Column
ぜひ観たい 本場のバレエとサーカス ▶P.48,P87

ウラジオストクはロシアの政治文化の中心モスクワから遠く離れた都市だが、たくさんの劇場があり、さまざまな演目が上演されている。せっかくロシアに来たのだから、本場のバレエやサーカスを観に行こう。

Close Up! ウラジオストク
郊外 エリアナビ

ウラジオストクから出かける日帰り小旅行。南方のルースキー島や北方のウラジオストク国際空港周辺など車で行く。沿海地方2番めの都市ウスリースクへは近郊電車で行ける。

I 電車で日帰りエクスカーション
ウスリースク
Уссурийск ▶P.44

ウラジオストクから北へ約100km。ウスリースクは近郊電車を使った日帰りエクスカーションが楽しめる。市内には古いロシア正教会や市場、博物館、劇場などがある。

G サファリやカジノがある
空港周辺
Аэропорт ▶P.92

ウラジオストク国際空港は市内から約40km離れたアルチョム市にあり、周辺にはプリモルスキー・サファリパークやティグレ・デ・クリスタル(カジノ)がある。

ウラジオストク国際空港

H タイガの森のコテージ
シハンドン
Сихандон ▶P.36

ウラジオストク国際空港から東へ約50km車で走った森の中に1軒のコテージがある。ロシア人老夫婦がもてなし、タイガの自然を満喫する「ダーチャ」体験ができる。

F 海と森のアウトドアスポット
ルースキー島方面
Остров Русский ▶P.90

2012年に大学のキャンパスが市内から移転し、開発が進んだ自然エリア。沿海地方水族館は路線バス15番で直行。途中ルースキー大橋の美しいシルエットを目にすることができる。

Column
夏は海水浴 冬は氷結 ▶P.94

ウラジオストク周辺の海は、夏は海水浴ができるほどだが、冬になると氷結してしまう。ルースキー島では毎年2月下旬、氷上ハーフマラソン大会が開催される。

0   10km

Vladivostok 5

ウラジオストク観光 モデルプラン

72 HOUR

成田空港からわずかフライト2時間30分、短時間でウラジオストクをたっぷり楽しめるプランをご紹介！

おもな見どころは市の中心部に集中しているので、自分の行きたい場所を決めたら効率よく訪ねよう。

1日目 ウラジオストクに到着！

日本を午後発便　ウラジオストク着

21:00 スポイフェーテ ▶P.52

午後発の便がウラジオストクに到着するのは夕方。ホテルに着く頃には夜遅めになるが、まずは本場のロシア料理店を訪ねよう。

徒歩2分

22:30 ムーンシャイン ▶P.62

噴水通りに近いパグラニーチナヤ通りはバー密集地区。カクテルが評判のワインバーで旅の疲れを癒やそう。

2日目 ウラジオストクの定番観光巡り

9:00 噴水通りから海辺通りを散策 ▶P.82

初日の朝は、ビーチに通じるおしゃれ通りを散策。ビーチ沿いには夏になると、たくさんの露店も出ている。

徒歩5分

11:00 アルセーニエフ博物館 ▶P.76

極東ロシアの歴史の理解のためにはこの博物館ははずせない。ロシア人が現れるはるか昔から住んでいた多くの先住民族の歴史も展示。

徒歩3分

12:00 ポルトフランコ ▶P.77

この日のランチは、中央広場に面した老舗ロシア料理店にて。週末には音楽のライブがあり、雰囲気を盛り上げてくれる。

徒歩10分

14:00 グム百貨店 ▶P.20

食事が済んだら、中央広場を右手にスヴェトランスカヤ通りを歩くと、老舗百貨店のグムがある。壮麗な建築デザインに注目。

徒歩5分

15:00 潜水艦C-56博物館 ▶P.80

港に向かって少し歩くと、ニコライ2世凱旋門（→P.79）と潜水艦C-56博物館がある。潜水艦の内部を見学できる。

徒歩5分

16:00 中央広場（ブラッドギフト）

中央広場の南の端にマトリョーシカの大きな看板があり、そこが入口。ロシアの定番みやげがたいてい揃う。

徒歩10分

17:00 客船ターミナル「海の家」 ▶P.75

海外からのクルーズ客船や日本からのDBSフェリーなどが停泊するターミナル。午後遅めだと、金角湾大橋の眺めがきれい。

徒歩1分

18:00 ウラジオストク駅 ▶P.12

シベリア横断鉄道の始発駅となるウラジオストク駅の歴史は100年を超える。駅舎内にはさまざまな記憶が刻まれている。

| 徒歩5分 |

19:30　サツィヴィ ▶P.58

ウラジオストクでなければ味わえないもののひとつがジョージア（旧グルジア）料理。世界最古のワインを一緒に味わおう。

3日目　市場から夜遊びまで！

| 市バス30分 |

10:00　キタイスキー市場 ▶P.64 （通称）

中央アジアなどから届いた日用雑貨品と食材が売られる巨大なマーケット。市の東の郊外にあるが、路線バスで行ける。

| 市バス20分＋ケーブルカー2分＋徒歩5分 |

12:00　鷲の巣展望台 ▶P.16

港を見渡す高台の上にある鷲の巣展望台は、必ず訪れるべきスポットだ。昼間も眺めはいいが、夕闇に暮れる時間がベストショットタイム。2度来てもいい。

| 徒歩15分 |

13:00　バラウフィッシュ ▶P.57

展望台から歩いて行けるモダンなシーフードレストラン。地元で取れた新鮮な日本海の幸に舌鼓を打とう。

| 徒歩5分 |

15:00　スハーノフの家博物館 ▶P.86

食事のあとは、帝政ロシア時代にこの地に派遣された役人の邸宅を改装した博物館を訪ねる。午後のひとときをのんびり過ごそう。

| 徒歩8分 |

16:00　グム百貨店裏 ▶P.20

グム百貨店の裏路地には新しいカフェやショップが生まれている。ハンドメイドやコーヒーなどの各種文化イベントも随時開催される。

| 徒歩1分 |

19:00　ニビーニー・ラーダスチ ▶P.24

グム百貨店裏のシックなワインバーで夜が更けるのを静かに待つのも悪くない。店内で選んだワインを持ち込んで、その場で開けてもらおう。

| 徒歩15分 |

21:00　ムーミー・トローリ ▶P.63

ウラジオストクで最も有名なスポットといっていいライブハウス。ライブは週末が中心で地元バンドの演奏が聴ける。

4日目　フライト直前までショッピング！

10:00　フレッシュ25（クローバーハウス） ▶P.66

帰国当日のおみやげのまとめ買いに役立つのが地元のスーパー。市内中心部に近いここは24時間営業なので、とても安心。

| タクシー1時間 |

12:00　ルィーブニー・オーストラバク ▶P.69

シーフードレストランで味わったタラバガニのボイル冷凍をおみやげに買うための最後のチャンスは空港のロビーにある。

| ウラジオストクを午後発便 |

Vladivostok　7

+1日！
雑貨とカフェ巡りを楽しむ女子旅コース

ロシアのかわいい雑貨やおしゃれなカフェを見つけよう!

1日目
2日目
3日目
72 HOUR
モデルプランと同じ

市内からルースキー島までは車で約1時間。バスではすべてを回れないので、タクシーも利用しよう。

4日目
噴水通りとグム百貨店裏を中心に

10:00 フォルムラ・ルカデェリヤ ▶P.33

ロシアの絵本と手芸用品を扱う店。事前に予約申し込みをすれば、地元の女性と一緒にロシア人の先生から手芸を学ぶ体験もできる。

―― 徒歩3分 ――

11:00 ネコカフェ「ヴァレリヤニチ」 ▶P.41

散策の合間にロシアのネコに会いに行こう。すらりとしたモデルネコ、ふてぶてしいでぶネコ、自由気ままな放浪ネコなど、いろんなタイプが待っている。

―― 徒歩2分 ――

12:00 ニルィダイ ▶P.54

ロシア語がわからなくても好きなものを選んで食べられるのが、町の食堂スターロヴァヤのよさ。その人気店は店内もなかなかおしゃれ。朝食やランチに使える。

―― 徒歩3分 ――

13:00 スンドゥク ▶P.84

地元デザイナーの作品を販売する。ロシア的なセンスはちょっぴり不思議で新鮮だ。すぐ隣に同店の姉妹店でアパレル雑貨店の『モーレ』がある。

―― 徒歩7分 ――

14:00 ルスカヤゴールニッツァ ▶P.71

マトリョーシカなどの定番みやげはもちろん、ロシアの刺繍や手芸品などを扱うショップ。ロシアらしいみやげはここでゲットしよう!

―― 徒歩5分 ――

15:00 カフェマ ▶P.34

人気の地元コーヒーチェーン。事前に予約申し込みをすれば、同店のバリスタによるコーヒーや紅茶の試飲体験ができる。

―― 徒歩2分 ――

16:00 ビューロナホーダク ▶P.23

ロシア語を表記するキリル文字の魅力をコンセプトにしたアイデア商品や雑貨をおくショップ。店の真ん中に大きなブランコがぶら下がっている。

―― 徒歩5分 ――

17:00 ペーカルナヤ・ミッシェラ ▶P.61

スタバのようなグローバルチェーンはまだ進出していないこの町では、ロシアらしいキュートさを漂わせた新感覚のカフェが急増中。カフェめぐりのしめはここで。

8　Vladivostok

+1日！

自然あふれるルースキー島など郊外を訪ねるコース

町歩きが済んだら、郊外をアクティブに訪ね歩こう

1日目	
2日目	**72 HOUR** モデルプランと同じ
3日目	

4日目

郊外の自然と文化に触れる

バス30分＋徒歩20分

10:00　トカレフスキー灯台 ▶P.92

ウラジオストクには多くの灯台があるが、歩いていける唯一の場所。高さ11.8mのかわいい灯台だ。周辺は、夏には海水浴場となる。

徒歩20分＋バス20分

12:00　遊覧船 ▶P.114

金角湾を1周する遊覧船が1時間おきに出ている。海上からウラジオストクの町を眺めたり、ルースキー島の下をくぐったり、飽きることのない1時間のボートトリップ。

バス1時間

14:00　沿海地方水族館 ▶P.90

2016年にルースキー島にできた水族館。ロシア沿海地方と日本海、シベリア方面に生息する水生動物を見ることができる。路線バス15番の終点。

タクシー10分

16:00　ヴァローシローフスカヤ砲台 ▶P.91

ウラジオストクには多くの要塞や砲台の跡が残っている。日露戦争で旅順要塞を日本軍に陥落させられた影響がある。森の中に突如出現するこの砲台もそのひとつ。

タクシーで20分

19:00　マリインスキー劇場 ▶P.48

ロシアを代表するバレエ劇場で、サンクトペテルブルクのマリインスキー劇場の支部。日本人バレリーナも数名所属しているので応援に行こう。

タクシーで20分

22:00　ストゥディオ ▶P.77

バレエのあとは、アルセーニエフ博物館のすぐ隣の路地の奥のおしゃれなロシア料理店へ。24時間営業なので時間を気にせず楽しめる。

空港方面の見どころ

市内から約40km離れたウラジオストク国際空港の周辺には、古くからこの地に住み着いていたウスリータイガーのいるプリモルスキー・サファリパーク（→P.93）がある。また2015年にオープンしたカジノ「ティグレ・デ・クリスタル」（→P.93）もある。

Vladivostok

本書の使い方

本書は、TO DO LIST（厳選の観光体験）、テーマ別ガイド、エリアガイドによって構成されています。

知っていると便利な情報
町歩きがいっそう楽しくなる、コラムやチェックポイントを載せています。

旅を満喫する3つのテーマ
ウラジオストクは、グルメ、ショッピング、エリアガイドという3つのテーマで紹介しています。

はみだし情報
旅に役立つ補足情報やアドバイス、ウラジオストクに詳しくなる雑学、口コミネタなどを紹介しています。

エリアの特徴を紹介
各エリアの特徴、効率よく散策するためのヒント、郊外の場合は路線バスの交通案内を簡潔にまとめました。

電話番号について
掲載の電話番号は、すべてウラジオストクの市街局番（423）を含まない7桁の番号となっています。また一部（904など）が7桁の上に付く番号は携帯電話の番号です。ロシア国内からかける場合は、頭に8を付けて市街局番と7桁の番号をダイヤルすればつながります。日本からかける場合は、さらに国際電話認識番号とロシアの国番号7が必要です。

▶ Map P.122-A2

各物件の位置は、巻末（P.122～127）の地図で探すことができます。

アイコンの見方
- 観光スポット
- 美術館・博物館
- レストラン
- カフェ
- ショップ

データの見方
- 住所
- TEL TEL
- 開 開館、営業、運行時間
- 休 休館日、定休日
   （祝祭日を除いた定休日）
- URL ウェブサイト
- 交 交通アクセス
- Card クレジットカード
- A アメリカン・エキスプレス
- D ダイナースクラブ
- J JCB
- M マスターカード
- V VISA
- 料 料金
- 室 ホテルの客室数

※本書は正確な情報の掲載に努めていますが、ご旅行の際は必ず現地で最新情報をご確認ください。また掲載情報による損失等の責任を弊社は負いかねますのであらかじめご了承ください。

TODO ☑ LIST

10 THINGS TO DO IN
VLADIVOSTOK

ウラジオストクでしたいこと&
ウラジオストクでしかできないこと

日本からこんなに近いのに知られていなかった
極東ロシアのウラジオストク。
夏もいいけど、冬だっていろいろ楽しめます。

☑ **01** シベリア横断鉄道の始発駅
ウラジオストク100年駅舎を訪ねる
▶P.12 *Vladivostok Station*

☑ **02** この町で最も高い場所へ
港を見渡す 極上の夕景に立ち会う
▶P.16 *Viewing Platform*

☑ **03** 最新スポットに注目!
グム百貨店の路地裏を散策する
▶P.20 *Backyard GUM*

☑ **04** 日曜の朝は訪ねてみたい
ロシア正教の教会ミサ巡り
▶P.24 *Russian Church*

☑ **05** 意外な場所にもいっぱい!
港町でネコ探し
▶P.26 *Cats in Vladivostok*

☑ **06** 100年走り続けている
レトロな路面電車に乗ろう
▶P.28 *Tram*

☑ **07** ロシア文化に触れる
気軽に楽しめる体験にトライ
▶P.30 *Cultural Experience*

☑ **08** ワンデイトリップのすすめ
近郊の町に出かけよう
▶P.38 *Excursion*

☑ **09** 1泊2日で体験できる
夜行寝台に乗ってハバロフスクへ
▶P.42 *Trans-Siberian Railway*

☑ **10** フォトジェニック・ウラジオストク!
すてきな写真の撮り方講座
▶P.44 *Shooting in Vladivostok*

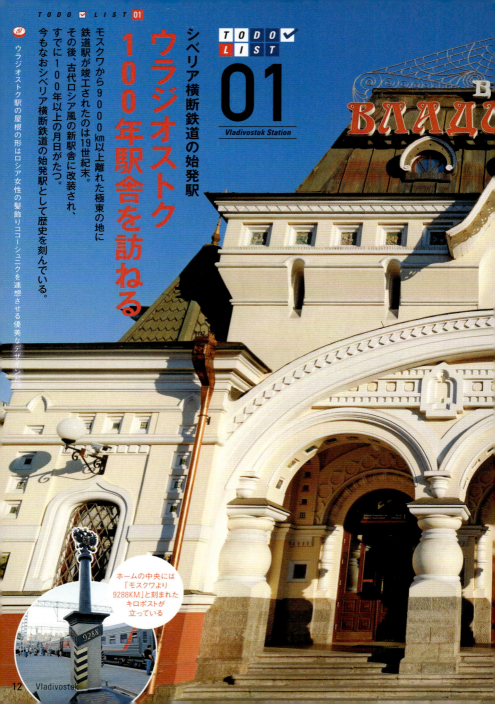

TODO LIST 01
Vladivostok Station

シベリア横断鉄道の始発駅
ウラジオストク 100年駅舎を訪ねる

モスクワから9000km以上離れた極東の地に鉄道駅が竣工されたのは19世紀末。その後、古代ロシア風の新駅舎に改装され、すでに100年以上の月日がたつ。今もなおシベリア横断鉄道の始発駅として歴史を刻んでいる。

ウラジオストク駅の屋根の形はロシア女性の髪飾りココーシュニクを連想させる優美なデザインだ。

ホームの中央には「モスクワより9288KM」と刻まれたキロポストが立っている

12 Vladivostok

ウラジオストク 100年駅舎を訪ねる

ロシア文化を表象する建築デザインの特徴

ウラジオストク駅の建築デザインには、いくつかの特徴がある。古代ロシアのテレモーク（伝統木造住宅）をイメージさせるのが外観の特徴で、屋根の上に載っている鉄細工はロシアの国章である双頭の鷲がデザインされている。表玄関は、弓形の大きな門を4本の円柱が支える優美なフォルム。壁面のさまざまな場所にロシア民話を描いたレリーフやタイル細工が埋め込まれている。なかでも白馬にまたがった古代ローマの聖人ゲオルギオスの装飾は注目だ。

ウラジオストク駅 変転の100年史

シベリア横断鉄道の着工は1891年5月、日本を含むアジア諸国歴訪の帰りにウラジオストクに立ち寄ったニコライ皇太子によって宣言された。初代の駅舎は石造りの簡素な停車場で、竣工は1894年。1912年にはモスクワのシベリア横断鉄道終着駅のヤロスラフスキー駅を模した新駅舎に改装された。その後、ロシア革命が起こり、派手な装飾やパネルが取り外され、1970年代には外壁がモスグリーンに塗り替えられた。しかし、ソ連崩壊後の1994年から数年かけて、再びロシア文化を表象する美しい改装の手が加えられ、外壁はクリーム色に戻されて現在にいたっている。

ロシアの鉄道は全国的にすべてモスクワ時間で運行されており、駅の時計もモスクワ時間を指している

TODO LIST 01

待合室（2階）にはウラジオストク駅の100年の歴史を物語る写真パネルが置かれている。

駅ナカを歩こう

今日のウラジオストク駅は、20世紀初頭に造られた駅舎を復元しつつ、新しいアレンジが加えられている。構内に刻まれた歴史を探訪しよう。

1 待合室（2階）

正面玄関を入ると、天井の高い待合室がある。天井に描かれているのは、モスクワと駅ができた当時のウラジオストクの町並みだ。20世紀初頭の駅の写真やシベリア横断鉄道のパネルなどが置かれている。

ウラジオストク駅
構内ガイド

鉄道を利用しなくても、
駅の構内は自由に出入りできる。
カフェでひと休みするのもいい。

駅南館の入口の上にはタイル細工の紋章が埋め込まれている

TODO LIST 01 ウラジオストク100年駅舎を訪ねる

2 ニコライ2世のパネル（2階）
ウラジオストク駅の着工を宣言したニコライ2世（皇太子）のパネルが待合室にある。

3 カフェ（2階）
待合室の隣にスタローヴァヤ（食堂）風のカフェがある。ピョートル大帝の壁画あり。

4 歴史展示スペース（2階）
カフェの向かいに20世紀初頭の鉄道の制服や切符、地図などの歴史展示のスペースがある。

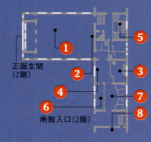

正面玄関（2階）
南館入口（2階）

5 ホームに向かう階段
待合室からホームに向かって降りる緩やかな階段の上にはシャンデリアがつるされている。

6 チケット売り場（2階）
近郊電車のチケットを直接買うならここ。近郊電車の場合、チケットなしで乗車してから買ってもいい。

7 1階の待合室
1階にも待合室がある。たまに若い軍隊のグループに出くわすこともある。

8 簡易宿泊所（2階）
駅の南館1階に仮眠が取れる簡易宿泊所がある。利用料金は4時間で600P。荷物預けは1個につき150P（24時間以内）。

ホームも歩こう
シベリア横断鉄道などの長距離列車や近郊電車（エレクトリーチカ）用の7つのホームがある。空港行きのアエロエクスプレス以外は改札はなく、駅を通らなくてもホームに行ける。

長距離列車専用ホームの荷物を抱えた旅行者たち

アエロエクスプレスには専用駅が隣にある

1945年当時の蒸気機関車が2番ホームに展示されている

Vladivostok 15

TODO LIST 02

鷲の巣展望台
Видовая площадка ＜Орлиное гнездо＞

鷲の巣展望台は標高214mの丘の上にあり、市内で最も高い場所だ。地元はもちろん、ロシア国内から来た新婚カップルが必ず訪れ、記念撮影をするスポットしても有名だ。

▶ Map P.125-C2

🚌 路線バス15番 Фуникулёр下車、徒歩2分

鷲の巣展望台の行き方
市内中心部から1kmほど東にある。中央広場から徒歩20分ほどだが、路線バスやケーブルカーに乗っていく行き方もある。詳しくはP.87、P.113、P.115を参照のこと。

金角湾大橋は2012年8月に開通。それまで両岸は船で渡るなど往来は不便だったが、飛躍的にアクセスが改善した。

港の明かりが点り出す夕刻の時間。金角湾大橋も車のライトで生まれる光の筋が美しい

16 Vladivostok

02
Viewing Platform

この町で最も高い場所へ
港を見渡す
極上の夕景に立ち会う

ウラジオストクに来た人が必ず訪れる鷲の巣展望台。
夕日に赤く焼けた空が濃いブルーへと
変わりゆく日没前の時間帯がおすすめ。

港を見渡す極上の夕景に立ち会う

Vladivostok

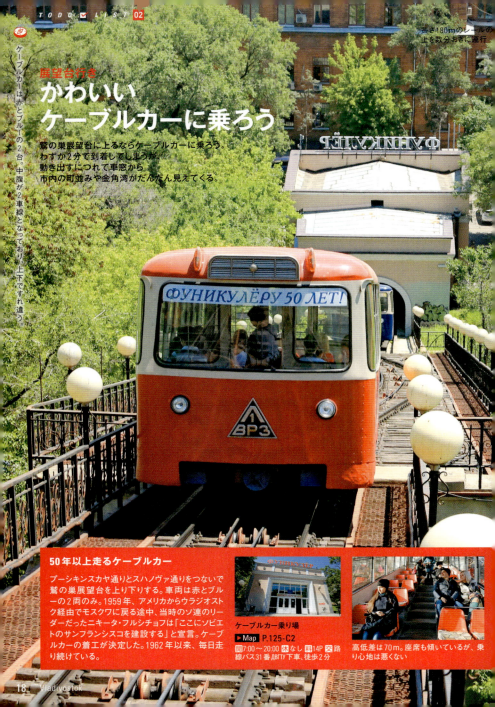

TODO LIST 02

展望台行き
かわいいケーブルカーに乗ろう

鷲の巣展望台に上るならケーブルカーに乗ろう。わずか2分で到着してしまうが、動き出すにつれて車窓から市内の町並みや金角湾がだんだん見えてくる。

長さ180mのレールの上を数分おきに運行

ケーブルカーは赤とブルーの2台。中腹が2車線となっており、上下ですれ違う

50年以上走るケーブルカー

プーシキンスカヤ通りとスハノヴァ通りをつないで鷲の巣展望台を上り下りする。車両は赤とブルーの2両のみ。1959年、アメリカからウラジオストク経由でモスクワに戻る途中、当時のソ連のリーダーだったニキータ・フルシチョフは「ここにソビエトのサンフランシスコを建設する」と宣言。ケーブルカーの着工が決定した。1962年以来、毎日走り続けている。

ケーブルカー乗り場
▶ Map P.125-C2
7:00～20:00 休なし 14P 路線バス31番 ДВГТУ下車、徒歩2分

高低差は70m。座席も傾いているが、乗り心地は悪くない

TODO LIST 02 港を見渡す極上の夕景に立ち会う

昼間の眺めだっていい

鷲の巣展望台からの眺めは、昼間だっていい。見渡せるのは、高台に囲まれたウラジオストク港をまたぐ金角湾大橋(→P.87)の現代的なシルエット。アムール湾に浮かぶルースキー島(→P.90)をはじめとした島並みはここから一望にできる。

1 客船ターミナル「海の駅」や日本行きフェリーも見える 2 恋人同士でここに鍵をかけるとハッピーになれるそう 3 観光客が1日中訪れている 4 沿海地方にはトラだけでなく、ヒョウもいる

キュリロスとメトディオスの像

鷲の巣展望台には、ギリシャ語をスラブ語に翻訳しスラブ世界にキリスト教を布教した東方正教会の宣教師キュリロスとメトディオスの兄弟の像が建っている。彼らはスラブ語諸族が使うキリル文字の原型となるグラゴール文字を考案した。ウラジオストクが極東に位置するスラブ語圏最果ての地であることを物語っている。

Vladivostok 19

Backyard GUM

グム百貨店は、ソ連時代に国営百貨店を意味する「グム」と呼ばれ、今日に至っている。

TODO LIST
03
Backyard GUM

最新スポットに注目！

グム百貨店の路地裏を散策する

今ウラジオストクでホットなエリアは、老舗百貨店の裏手の赤れんがに囲まれた路地裏通り(通称「グム裏」)。おしゃれなレストランやカフェ、雑貨店などが集まり、新たな観光スポットとしてにぎわっている。

リニューアルされた老舗百貨店 グム百貨店 ГУМ

帝政ロシア時代の19世紀末に建てられたウラジオストクを代表するアールヌーヴォー様式の歴史的建造物。2017年2月、100年ぶりに大改装された。

▶ Map P.124-B2
🏠 ул.Светланская 35
☎ 222-2054
URL vladgum.ru
🕐 10:00 〜 20:00 休 なし Card MX
🚌 路線バス31番 Центр 下車、徒歩1分

新しく生まれた
グム百貨店裏通り(グム裏)
Старый Дворик ГУМа

グム百貨店のリニューアルに合わせて、2016年頃から裏手にあったれんがが倉庫や建物の中に地元の若者たちが次々とカフェやレストランをオープンし、「グム裏」と呼ばれるようになった。個性的な雑貨店やゲストハウス、美容室などもできて、ツーリストに人気のスポットに生まれ変わっている。

20 Vladivostok

1 人気のアイス屋さん
シャリク・マロージュナヴァ
Шарик молочного

▶ Map P.21

厳選した食材を使っていることで人気のマロージュナ（アイスクリーム）専門店。酪農王国ロシアならではのミルクのおいしさが際立つさまざまなフレーバーが楽しめる。

住 ул.Светланская 35
TEL 208-4242
開 10:00〜20:00　休 なし
Card M.V　交 グム百貨店の裏

1 カップかコーンが選べる　2 アイスクリームは1スクープ50P
3 テイクアウト、イートインともに可

2 おしゃれなエクレアカフェ
フスピシュカ
Вспышка

▶ Map P.21

ショーウインドウーに色とりどりのエクレアが並ぶ華やかさにワクワク。イートインも可能だが、店内は2人席のテーブルが4つほどと広くないので、いつもお客さんでいっぱい。夏は店先にテーブルも出る。

住 ул.Светланская 33
TEL 276-9291
URL instagram.com/vspyshka.eclair
開 8:30〜20:00　休 なし
Card M.V
交 グム百貨店の裏

1 いちごのエクレア 250P　2 ママと一緒に来た地元の男の子　3 ストライプのひさしは女子に人気

グム百貨店の路地裏を散策する

03
TODO LIST

3 女子に人気のハンバーガー屋
ションケル
Shonkel

BBQバーガーなど、どのメニューも具がはみ出すほどボリュームたっぷり。テイクアウトもできる。中2階の席もある。

▶ Map P.21

住 ул.Светланская 33　TEL 280-2820
URL shonkel.ru　開 9:00〜21:00　休 なし
Card M.V　交 グム百貨店の裏

4 宝石や衣類の売り場も
ボリショイ・グム
Большой гум

グム百貨店の中にはドラッグストアがある。海外の有名ファストファッション（ZARA）も隣にある。

▶ Map P.21

住 ул.Светланская 35　TEL 222-2054
URL vladgum.ru
開 10:00〜20:00　休 なし　Card M.V
交 路線バス31番 Центр下車、徒歩1分

1 店内にはカウンターもある　2 チキンとオイスターソースのバーガー350P

1 ロシアの若い女性に人気のシベリア産ハーブを使用したコスメブランドNATURA SIBERICA のシャンプーとコンディショナー　2 アンチエイジングのフェイスマスク246P

5 新感覚のキリル文字雑貨店
ビューロナホーダク
бюро находок

日本人にはなじみの薄いロシアのキリル文字だが、異国情緒を感じる。ここはロシアのファンシーグッズ店で、現代風にアレンジされたポップな雑貨を扱っている。ソ連時代のレトロ雑貨もユーモア仕立てで新鮮な遊び心があふれている。

▶ Map P.21

住 ул.Светланская 33, 2F　TEL 495-961-4395　URL buro-nahodok.ru
開 10:00〜20:00　休 なし　Card M.V　交 グム百貨店の裏

1 店員のユリヤさん　2 店の真ん中にあるブランコをどうぞ　3 花柄のかわいいウイスキーボトル　4 この店オリジナルのカラーコーヒー200P

Vladivostock　21

グム裏には地元で最もハイセンスといわれるヘアサロン「ドブロ」がある。

6 多国籍ワインが味わえるレストランバー ニビーニー・ラーダスチ

Невинные Радости

グム裏に2017年にオープンしたワインショップ&バー。ロシア産はもちろん、ジョージア産の良質なワインが選べる。お酒好きの国らしく、ウイスキーや日本酒も用意している。メニューはイタリアンを中心にワインに合うヨーロッパ料理が中心。

▶Map P.21

住ул.Светланская 33　TEL222-9193
URLiwinebar.ru
開12:00～24:00（ワイン販売は22:00まで）
休なし　CardM.V.A
交グム百貨店の裏

1 売り場で買ったワインは持ち込み料なしで味わえる　2 生ハムや干し肉の赤ワインセット850P　3 珍しいロシアワインも揃う　4 英語や日本語メニューもあり、店員も英語で対応

7 メニュー豊富なアジア個室レストラン ビッグブッダ

BIG budda

タイや韓国、日本などアジア各国の味をフィーチャーしたフュージョン料理レストラン。甘辛い味つけやご飯、麺類が恋しくなったときにおすすめ。アルコール類はビールしか置いていないが、週末は遅くまで営業しているので便利。

▶Map P.21

住ул.Светланская 33, 2F　TEL255-3550
URLbigbudda.ru
開日～木12:00～24:00、金・土12:00～翌2:00
休なし　CardM.V　交グム百貨店の裏

1 店内のテーブル席はカーテンで仕切られて半個室　2 タイ風牛肉焼きそば320P　3 照り焼きチキンご飯250P　4 ひと目でわかるアジア風看板が目印。2階にある

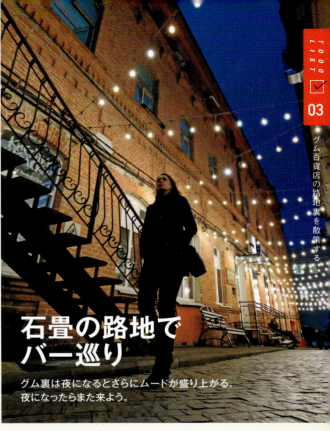

TODO LIST ☑ 03

グム百貨店の路地裏を散策する

8 オープンキッチンのイタリアン
グスト
GUSTO

グム裏のスヴェトランスカヤ通りの入口の近くにあるイタリアンレストラン。ワインの種類も豊富だが、コーヒーも1杯100P程度なので、昼間はカフェとして利用する人も多い。

▶ Map P.21

住 ул.Светланская 33　Tel 270-0067
URL gustogastrobar.ru　開 月〜木12:00〜23:00、金12:00〜翌1:00、土 13:00〜翌1:00、日13:00〜23:00
休 なし　Card M.V　交 グム百貨店の裏

1 シーフードパスタ350P　2 オープンキッチンの開放感あふれるスペース　3 通りに面しているのでわかりやすい

石畳の路地で バー巡り

グム裏は夜になるとさらにムードが盛り上がる。夜になったらまた来よう。

9 シックな路地裏カフェ
カフェイン
Кофеин

夜になるとイルミネーションがきれいな路地にあるカフェ。本格的なブリューコーヒーが味わえる店で地元の若者でにぎわっている。スイーツは100P前後とリーズナブル。

▶ Map P.21

住 ул.Светланская 33
Tel 984-229-7808
URL vl.ru/koffein
開 月〜金8:30〜23:00、土・日10:00〜23:00
休 なし　Card M.V
交 グム百貨店の裏

1 Wi-Fiが完備しているので旅行者にも便利　2 カフェラテ170P、チョコレート50P　3 入口がややわかりにくいが、中は広い

Backyard GUM

Vladivostock　23

TODO LIST 04

04 Russian Church

日曜の朝は訪ねてみたい
ロシア正教のディープな教会ミサ巡り

ウラジオストクで日曜日の朝を迎えたら、近所の教会のミサを訪ねてみよう。真摯に祈りをささげる地元ロシア人たちの姿を見ているだけで心が洗われることだろう。

ウラジオストクにはかつてポーランド人が多く住んでいたことから生神女カソリック教会やゴシック建築が美しい聖パヴェル・ルーテル教会がある。

ウラジオストクの教会

ウラジオストクはかつて多くの外国人が住んでいたことから、カソリックやプロテスタントなどさまざまな宗派の教会がある。だが、ロシア人の多くはロシア正教を信仰している。ロシア革命以降、多くの教会が破壊されたが、ソ連崩壊後は次々に再建されている。

無数のイコンと揺れるロウソクの灯火、厳かな賛美歌と振りまかれるお香の匂い…。ロシア正教のミサはとても神秘的。教会に行くときは服装に気をつけたい。男性は半ズボンNG。女性は必ず髪をスカーフで覆い、露出の多い服装は避ける。教会の建物に入るとき、十字を描いてお辞儀をすること。

TODO LIST ✓ 04

ロシア正教のディープな教会ミサ巡り

目の前に港が広がる
アンドレイ教会
Часовня Андрея Первозванного

ニコライ2世凱旋門のすぐ下にあるロシア正教会。隣には第2次世界大戦の戦没者を悼む火が燃えている。目の前に港が広がる教会周辺は新婚カップルの記念撮影場所として人気。

▶ Map P.127-D3
住 ул. Петра Великого 4
開 9:00～12:00、14:00～18:00
休 なし 料 無料
交 グム百貨店から徒歩5分

この町を代表する
パクロフスキー教会
Покровский кафедральный собор

港から少し離れた高台の上に立つ教会で、1885年に小さな礼拝堂として建てられたのが始まり。1902年に石造りの聖堂になった。1935年に一時壊されたが、ソ連崩壊後の2007年に現在の教会が再建された。夕方に鳴る鐘の音は哀愁がある。ライトアップされた夜の教会は美しい。

▶ Map P.124-B1
住 ул. Океанский проспект 44
℡ 243-5925
URL pokrovadv.ru
開 8:00～19:00
休 なし 料 無料
交 路線バス15番 Покровский парк下車すぐ

独立した鐘楼がある
カザンスキー教会
Казанский храм

ウラジオストク駅からトカレフスキー灯台方面に向かった場所にあるロシア正教会。敷地内には花壇があり、聖堂の前に独立した鐘楼がある。

▶ Map P.123-C2
住 ул. Верхнепортовая 74 ℡ 251-1099 URL xn--80aaa0aggcdvf0bi9c.xn--p1ai
開 8:00～19:00 休 なし 料 無料 交 路線バス59番 Казанский храм下車すぐ

1 ミサの時間は入口に貼り出されている 2 ロシア正教では女性はスカーフをしなければならない

かわいいベージュ色の聖堂
イゴリチェルニゴフスカバ教会
Храм Святого благоверного князя Игоря Черниговского

ディナモ・スタジアムの隣にあるロシア正教会。堂内はこぢんまりとしているが、神聖な空気が漂っている。ミサの時間帯は多くの信者が集まっている。

▶ Map P.126-B1
住 ул. Фонтанная 12 開 月～土 10:00～19:00、日 8:30～19:00 休 なし 料 無料
交 噴水通りから徒歩3分

礼拝所の中には聖人たちを描いたイコンがぎっしり並んでいる

橋のたもとにある
ウスペーニア教会
Храм успения божией матери

金角湾大橋のたもとにある緑色の屋根の教会。ライトアップされた夜も美しい。曜日によって時間が異なるが、ほぼ毎日ミサが行われている。

▶ Map P.125-C3
住 ул. Светланская, 65 ℡ 226-9755 URL vladhram-uspenie.ru
開 7:45～19:00 休 なし 料 無料
交 路線バス31番 Лазо下車、徒歩2分

Vladivostok 25

TODO LIST 05
Cats in Vladivostok

意外な場所にもいっぱい!
港町でネコ探し

ロシア人はネコ大好き。カフェやショップ、市場な思いがけない場所にもいるので探しに行こう。

ウラジオストクは港町。坂道が多く、通りから停泊する船が見える

ウラジオストク人はドラも好きで、9月の「ドラの日」に市民はフェイスペインティングして町に繰り出す。

こんなところにいる! ネコ探しのコツ

1 市場ネコ
ルガバヤ市場の店先に居座る3匹の子ネコ。市場ではみんなでネコを飼っているので、あちこちにいる。

2 カフェネコ
カフェでもよくネコを飼っていて、お客さんがいても気にせず堂々とソファに座り込んでいる。

3 路地裏ネコ
誰が飼っているのか定かではないが、路地裏にあるれんが造りの建物の塀の上や軒先からこっちをのぞいている。

4 ショップネコ
ショップでもネコが飼われている。商品が並ぶスペースでも気にせず、ふてぶてしくうずくまっている。

5 みやげもの屋ネコ
ウラジオストクに関する絵はがきや雑貨を扱うみやげもの屋『ルナイグロシ』(→P.72)で飼われているネコは陳列した商品の前でいつも寝そべっている。

6 エッ、博物館にも!?
ウラジオストク市博物館(→P.79)ではネコが飼われている。歴史的な文物も並ぶ展示室を自由自在にうろつき回るネコ。このおおらかさがロシアらしい。

博物館の展示を見ていたら、目の前をネコが通り過ぎていき、ひょこりと展示品に上ったので、一瞬ビックリ。受付のおばさんが餌づけしていて、飼われていたのです。

TODO LIST 05

港町でネコ探し

ネコカフェに行こう

ネコカフェ「ヴァレリヤニチ」
Валерьяныч

捨てネコや病気になったネコを保護して、里親探しをしてくれるネコカフェ。サンクトペテロブルクにあるネコカフェの存在を知った女性が2017年1月にウラジオストクでオープンした。地元の人たちとネコの出会いの場となっている。

▶ Map P.126-B2

住 ул. Пограничная 2, 3 этаж
TEL 902-524-7474　URL vk.com/catcafevl
営 12:00〜21:00（土日は11:00〜22:00）　休 月・火
料 最初の1時間250p、以後1分につき3.5p加算
交 噴水通りから徒歩3分

1 ビルの3階にあってちょっとわかりにくい　2 ネコに関するグッズもいろいろ　3 客はここでお茶を飲みながらネコとくつろげる

4 お茶目なネコたちが待っている　5 店主のアナスタシア・アンドレヴナさん

ネコ出没、噂のスポット

ほかにもネコ情報はいろいろ。

🐾 カフェ『ヴィシュネーブニー サド』（→P.61）噴水通りに近いこの庶民派カフェには黒ネコが飼われている。

🐾 ヴィクトルさんの猫屋敷 サンライズ アパートメンツ（→P.100）のオーナーは猫好きが高じて10匹近いネコが集まっている。

🐾 ブックショップ『ニベリスカイ』（→P.84）いつも必ずいるとは限らない気まぐれネコらしい。

🐾 アルセーニエフ博物館（→P.76）実は、町でいちばん大きな博物館でも飼われているとの目撃情報あり。

ロシアのネコアニメ『レオポルド』

ロシアの有名なネコアニメの主人公の名はレオポルド。ストーリーはアメリカの『トムとジェリー』とは真逆で、いたずらネズミがレオポルドにわなをかけるが、無事クリアするという設定だ。ロシア人はネコを悪役になんかできないのです。

Vladivostok　27

TODO LIST ✓ 06

レトロな路面電車に乗ろう

路面電車は整然とした市内中心部から5kmほど外れた庶民エリアを走っている

06
Tram

100年走り続けている
レトロな路面電車に乗ろう

ウラジオストクに路面電車が登場したのは1912年。
以来、市内各地を走っていたが、
今残っているのは一線のみ。
かなり年季の入った電車だが、
地元の人たちとの触れ合いが楽しい。

サハリンスカヤの停留所。ここで電車は折り返す

東の終点のサハリンスカヤの近くにクラシックカー博物館(→P.92)がある

座席が簡素な木製の車両もある

Vladivostok 29

TODO LIST 07

07 Cultural Experience

ロシア文化に触れる
旅先でも気軽に楽しめる体験にトライ

ロシア文化体験リスト

1. オリガさんの料理教室（ピロシキ作り）
2. 地元のおばさんと一緒に手芸を学ぶ
3. ロシアの民族衣装で変身写真
4. バリスタによるコーヒー&紅茶の試飲体験
5. 郊外の貸し別荘でプチ「ダーチャ」体験

ウラジオストクでは、ここで紹介する以外にもロシア文化を体験できるさまざまなツアーがある（→P.119）。

せっかくロシアの町を訪ねたのなら、観光だけではなくその土地の人や文化との触れ合いを楽しみたい！そんな気持ちをかなえてくれる文化体験に挑戦してみよう。

Let's Experience

オリガ・グルースカヤさんを中心にオープンキッチンに勢揃いしたクヴァルチラ30のスタッフ

ロシア文化体験にトライしたい人は
本書で紹介したウラジオストクでのロシア文化体験は飛込みでは対応していない。詳細は現地発ウェブサイト「ウラジオ.com」（URLurajio.com）（→P.119）の『体験プログラム』を参照のこと。

30 Vladivostok

レストランの隣にあるオープンキッチンが料理教室の舞台

TODO LIST 07

旅先でも気軽に楽しめる体験にトライ

オリガさんの料理教室

個性派オーナーが始めた料理教室で体験できるのはピロシキ作り。

オリガ・グルースカヤさん

ロシアの食文化を学びながら本格的クッキング

オーナーのオリガ・グルースカヤさんは人とのつながりを大事に考え、シェフとお客さんの交流を深めるために料理教室を始めた。ロシアの食文化のレクチャーがあり、ビーツのサラダやニシンの酢漬けなどの前菜とパンのオードブルを軽くつまみながら実習に入る。日差しがたっぷり入る明るいオープンキッチンでの料理教室は3名以上の予約で体験できる。

ウクライナ生まれのオリガさんは子供の頃、両親とともにウラジオストクに来た。学校を卒業後、15年間ピアニストやプロの歌手として活動し、雑誌の編集者などを経て、2013年にこの店をオープン。16年に現在の場所に移転した。日本のレストラン文化にも関心があり、来日経験もある。

オードブルはロシア沿海地方のキノコやマツの実などの食材が使われている

店名「クヴァルチラ」のロシア語の意味は「集団住宅」。最初に開業した店が集団住宅30という部屋だったから

1 地元産の木の実や果実のジュースは種類もいっぱい 2 男性シェフも手際よくオードブルを作ってくれる

家庭的なサービスの隠れ家レストラン
クヴァルチラ30
Квартира30

路地裏のややわかりにくい所にある隠れ家レストランだが、ロシアの飲食トップ60にも選ばれた人気店。心あたたまる家庭的なサービスと新鮮な素材を生かした料理で極上のひとときが楽しめる。

▶ Map P.127-C1
住 ул. Пологая 65　電 297-4483
URL instagram.com/kvartira30vvo
営 12:00〜23:00　休 月　Card M.V
問 問い合わせ(→P.30)
交 グム百貨店から徒歩10分

1 ロシアの家庭に招かれたようなアットホームな店内
2 一見レストランとは思えない外観。階段を上って玄関へ

Vladivostok 31

ピロシキを作ろう

ロシア料理といえばピロシキがポピュラーだが、本場での体験はひと味違う。キャベツベースのお総菜風とシナモンアップルのデザートの2種にトライ。

クヴァルチラ30では、ピロシキ以外の料理教室のリクエストにも対応している。

① 生地を伸ばす
あらかじめ細長用意されていた生地を細長く伸ばす。

② 生地をカットする
スケッパーで生地を適当な大きさにカット。

③ 生地を平たく伸ばす
具を包めるように、丸く平たく伸ばす。

ピロシキづくりのポイントはいかにきれいに包めるか

④ 具を包む
具を上手に包むのがちょっと難しい。

⑤ 油で揚げる
キャベツ入りは揚げピロシキに。しっかり閉じないと口が開いてしまうことも…。

揚げたてをその場で試食。たくさん作るのでテイクアウトも可

これで完成！

油が跳ねることもあるので気をつけて

⑥ アップルを包む
もう一種類の具はシナモンアップル。

⑦ 溶き卵を塗る
シナモンアップル入りは焼きピロシキに。溶き卵を塗る。

⑧ オーブンで焼く
オーブンを開けると、焼きたてのピロシキのいい香り。

シナモンアップル入りは粉砂糖を振る

これで完成

Let's make Piroshki

Vladivostok

② 地元のおばさんと一緒に手芸を学ぶ

ロシア人の先生から羊毛フェルト細工を学べる手芸店がある。
手作りチェブラーシカに挑戦してみてはどう。

TODO LIST 07

旅先でも気軽に楽しめる体験にトライ

和気あいあいとしたレッスン風景

1 体験教室では90分ほどでこのような作品に挑戦　2 羊毛を専用の針のような道具で刺して作る　3 かわいいマスコットもフェルト製　4 ロシアの絵本は不思議の世界

絵本と手芸のお店
フォルムラ・ルカデェリヤ
Формула Рукоделия

ロシアの絵本とおもちゃ、手芸用品が揃う店。毛糸などの素材だけでなく、おみやげにも使えるかわいいラベルやボタンなどもある。

▶ Map P.126-B2

オレンジ色の看板が目印

住 ул.Посьетская 41а　TEL 200-6755
URL vl.ru/formula-rukodeliya
営 月～金 10:30～19:00、土 10:00～19:00、日 10:00～18:00
休 なし　Card M.V　料 問い合わせを（→P.30）
交 アレクセーニエフ博物館から徒歩3分

スタジオでの撮影風景

異文化交流を進めるアート教室
ザリアナ
ZARIANA

地元の子供たち向けのアート教室で、フェイスペイントや工作などさまざまな文化体験プログラムを実施。

▶ Map P.126-B2

観光客向けに変身写真やボルシチ作り体験を実施

住 ул.Адмирала Фокина 10　TEL 272-2415
URL zariana.ru　営 事前予約が必要　休 なし
Card 不可　料 問い合わせを（→P.30）
交 噴水通りから徒歩1分

③ ロシアの民族衣装で変身写真

海外旅行先で試してみたいのが変身写真。ロシアの民族衣装で撮れるのがここ。

Vladivostok

④ バリスタによる
コーヒー&紅茶の試飲体験

ロシアといえば紅茶文化が有名だが、最近はバリスタによる本格コーヒー店が急増中。「カフェの町」ウラジオストクでコーヒーと紅茶の試飲を楽しもう。

ウラジオストクにはたくさんのコーヒーショップがあり、それぞれ個性的。

バリスタのマリアさんが淹れてくれる
(ウボレーヴィチ通り)店

Coffee&Tea

Coffee

ウラジオストクのコーヒー文化発信地

港町のウラジオストクは海外の文化を取り入れるのが好きで、アメリカ西海岸風コーヒー文化もいち早く広まった。その発信地ともいえるのが「カフェマ」チェーン。世界各国のコーヒー豆が揃い、バリスタが店頭で焙煎してくれる本格コーヒーが味わえる。ロシア沿海地方特産のシロップ入りなど珍しいコーヒーも提供。リクエストに応じていくつもの産地のコーヒーを一度に試飲できる。

1 ロシアの伝統菓子プリャーニクとアメリカンコーヒーのセット 180P
2 カプチーノも人気
3 世界中の豆を販売している
4 立地のいい広場店は客でいつもにぎわう

34　Vladivostok

TODO LIST ✓ 07

旅先でも気軽に楽しめる体験にトライ

本場の紅茶も味わおう

Tea

ロシアンティーといえば、ジャムを入れて混ぜて飲むイメージがあるが、現地では中に入れて飲むことはない。またジャムだけでなく、ハチミツや練乳などを別の小皿に用意し、それをなめつつ紅茶をいただくというのが一般的。なかでも沿海地方の広大な森で育まれた新鮮なハチミツは有名。種類も多いので、味の違いを楽しもう。

1 試飲用に小さなデミタスカップに紅茶を注ぐ 2 まずはハチミツと一緒に。練乳と合わせるのも人気 3 先にスプーンでハチミツをなめてから紅茶を飲むことも 4 中国茶も含め、世界のお茶を販売している

市内に4店舗ある
カフェマ
Кафема

ハバロフスクに本拠地をおき、ロシア各地にチェーン展開するカフェで、ウラジオストクには全4店舗。カウンターでオーダーするセルフサービス式で、手作りマカロンやクッキーも店頭に並ぶ。コーヒー豆やカップなどを買いに訪れる人も多い。

1 〔ウボレーヴィチ通り店〕 ▶Map P.127-C2

住ул. Уборевича 106 電8-800-700-8186
URL kafema.ru 開8:00〜21:00
休なし Card M.V 料問い合わせ(→P.30)
交グム百貨店から徒歩1分

2 〔広場店〕 ▶Map P.126-B2

住ул. Светланская 17 電267-8788
URL kafema.ru 開8:00〜21:00 休なし
Card M.V ※広場店では文化体験は実施していない
交グム百貨店から徒歩1分

1 試飲体験が行われるのはウボレーヴィチ通り店のみ
2 広場店は、線路脇のビルの階段の上が入口

Vladivostok 35

TODO LIST 07

5 郊外の貸し別荘で プチ「ダーチャ」体験

夏がくると都会を抜け出し、郊外の菜園付き別荘(ダーチャ)でのんびり過ごす。そんなロシア人のスローライフをちょっぴり体験してみたい。

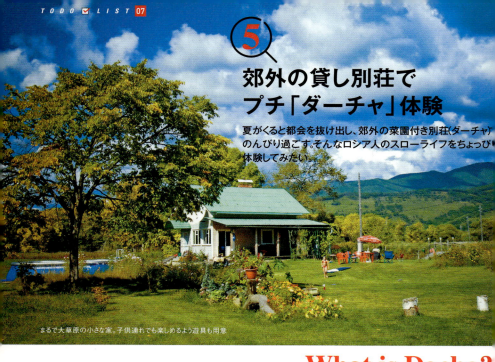

まるで大草原の小さな家。子供連れでも楽しめるよう遊具も用意

ロシアの田舎暮らしへようこそ!

季節や天候によって体験内容に変更がある。

貸し別荘の1日は、おばあちゃんの手作り朝ご飯で始まる。食後はファーム内の散策。牛や豚、ニワトリのいる家畜小屋を訪ね、畑や果樹園の続く小道を歩く。ミツバチの巣箱がたくさん並んでいて、新鮮なハチミツを採取する光景も見学。そして、裏手の山の展望台まで林道を往復1時間のトレッキング。戻ってきたら、いよいよお昼のためのペリメニ作りが待っている。

What is Dacha?

ダーチャとは

ロシアでは都市で生活する人たちの多くが菜園付き別荘(ダーチャ)をもっている。夏の休暇や週末にはダーチャに出かけ、菜園を手入れし、半自給自足の暮らしをしながらのんびり過ごす習慣がある。定年後に都市の家を売り、郊外のダーチャに生活の場を移す人たちもいる。

1 裏庭に広がるトウモロコシ畑　2 巣箱にはびっしりミツバチがいる　3 牛小屋の中　4 自家製ジャムをたっぷりかけたブリヌィと取れたて卵の目玉焼き

シンハンドン

ウラジオストク市内から車で2時間ほど離れた森の中にある。白樺林に囲まれ、人里から遠く離れた場所にある。

36　Vladivostok

Let's make Perimeni!

TODO LIST 07 ☑

旅先でも気軽に楽しめる体験にトライ

おばあちゃんに教わるペリメニ作り

ペリメニはロシア風水餃子のようなもの。小麦粉と塩、水を合わせてこねた生地と肉や魚のあんを用意し、しばらく寝かせておいた生地を適量ずつ細長く伸ばし、小口切りにしたものを小さな麺棒で薄く伸ばし、あんを包む。この包み方が餃子と違って上品でおしゃれ。包み終わったら、たっぷりのお湯でゆでて、アツアツをいただく。

生地作りはおじいさんの仕事。1枚1枚ていねいに伸ばす

1 ビーツやジャガイモを5mm角に切る　2 塩コショウとコーン油をかけて混ぜ合わせるとロシア風サラダのヴィネグリエットになる　3 ペリメニのあんと生地　4 ひと口サイズで具を包む　5 まず半月型に閉じ、両端をくっつけて帽子型にする　6 完成！　自家製の果実酒や黒パン、ボルシチと一緒にどうぞ

地元ロシア人にも人気の貸し別荘

この家で暮らすリューダおばさんとユーラおじさんのご夫婦は、10年前にウラジオストクから移り住んだ。自分の食べるものは自分で作るという悠々自適の田舎暮らしを続けながら、2週間に1度くらいウラジオストクに来て、自分たちの作ったチーズや卵、ハチミツなどを販売している。この貸別荘はロシアの田舎暮らしを多くの人に体験してもらおうと始めたそう。日本人も大歓迎とのことだが、夏は地元ロシア人の利用も多い。問い合わせはLucky Tours（✉vladivostok@luckytour.com 日本語可）へ。

1 寝室は2階で3部屋
2 ロシア風サウナのバーニャは別棟にある

Vladivostok 37

TO DO LIST 08
Excursion

ワンデイトリップのすすめ
電車に乗って近郊の町に出かけよう

ウラジオストク駅からは1日何本も近郊電車が出ている。
海辺の光景を眺めに日帰りの旅に出てみるのはどう？

ウラジオストクの見どころは市内に集中しているので、1日で見て回れる。もう1日あったら、郊外に出かけよう。

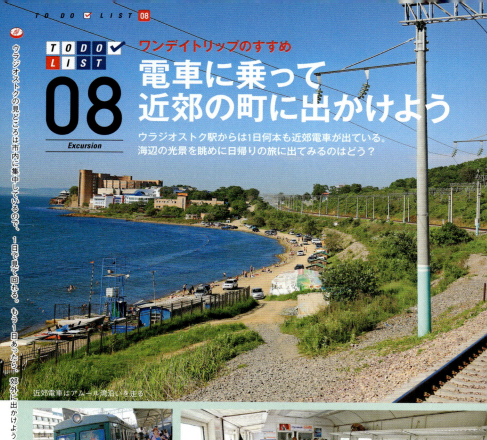

近郊電車はアムール湾沿いを走る

1 ロシアの近郊電車は「Электричка」と呼ばれる 2 ウラジオストク市民はヨット好き 3 日本の電車に比べ車両は広い 4 沿線から手を振る地元の若者たち 5 サナトールナヤ Санаторная 駅到着。所要30分、運賃は42P。ここに海水浴場がある

38　Vladivostok

TODO LIST 08

電車に乗って近郊の町に出かけよう

1 波も穏やかで小さな子供たちが水遊びに興じている 2 木陰でピンポンに興じる女の子たち 3 海水浴場は駅前の公園の中にある 4 ビーチ沿いまで車で乗りつけ、肌を焼く家族

ウラジオストクっ子の夏の楽しみ
それは海水浴

ウラジオストクの7〜8月は1年でいちばん暑い季節。この時期、近郊電車に乗ると、海水浴に出かける若い乗客に出会う。彼らは身軽ないでたちで、水着を持って電車に乗り込む。しばらくするとビーチが見えてくる。車窓から海水浴客の姿も見える。ウラジオストクから6つめの駅「サナトールナヤ」で降りると、目の前は海水浴場だった。極東ロシアの短い夏を彩る海辺の光景である。

※近郊電車の乗り方はP.115参照。チケットは電車の中でも買える（ただし駅のチケット窓口で買うよりプラス50P）。時刻表で事前に行き帰りの時間を調べておこう。

公園にはカフェもある。海辺で飲むロシアビールの味は格別

Vladivostok 39

TO DO LIST 08

市民公園にある「アイ♥ウスリースク」のオブジェ

ウスリースクには、ドラマ劇場以外に市の運営するもうひとつの立派な劇場がある。

ロシアらしい田舎町へ
ウスリースクに行こう

ウラジオストク駅から電車に乗って約2時間でロシアの田舎町、ウスリースクに着く。日帰りでも楽しめる近郊の町に旅へ出かけよう。

ウラジオストクより歴史の古い
ウスリースク

ウスリースクはウラジオストクから北へ約100kmに位置するロシア沿海地方第2の都市。人口は16万人だが、町には由緒ある劇場や教会、青空市場、博物館などがある。郊外には7世紀から10世紀にかけてこの地で栄えた渤海国の遺跡があり、4万年前の考古学的発見もある。歴史的にはウラジオストクよりずっと古い町といえる。

1 ドラマ劇場の子供向け公演 2 名産の薬用酒『ウスリースキー・バリザム』の原料はタイガで採れた25種類のハーブ。市内に工場がある 3 教会の裏に広がる青空市場 4 ウスリースクへの電車の運賃は200P。1日4～5本と少ないので事前に駅で帰りの時刻の確認を。バスもあり、運賃は360P。ただし郊外のバスターミナル（→P.115）から出る 5 車内でのサプライズ！ 突然現れたふたりのミュージシャンが演奏を始めた

ウスリースクをじっくり楽しみたい人へ

ウスリースク在住の日本人とロシア人のカップル、フョードロフ・アンドレイ＆優子さんが運営する観光案内サイト。事前に問い合わせれば、町を案内してくれる。
ウスリースク観光ガイド　URL ussuriyskrussia.wix.com/ussuriysk

40　Vladivostok

ウスリースクの見どころ

駅から少し離れているが、見どころは町の中心部に集中している。

電車に乗って近郊の町に出かけよう

1 市民公園
Парк

12世紀にこの地を支配した金王朝の亀の石碑が置かれている。小さな動物園もある。

2 ウスリースク市郷土歴史博物館
Музей Уссурийского городского округа

町の周辺で発掘された渤海国遺跡の出土品や植民当初のロシア人の生活を展示している。

3 バスターミナル
Автовокзал

ウラジオストク行きバスや中国行き国際バスの発着所。

4 生神女庇護聖堂
Церковь Покрова Пресвятой Богородицы

ロシア革命後、この地で唯一破壊を免れたロシア正教会。

5 中央市場
Центральный рынок

地元産の野菜やハーブ、肉など食材や日用雑貨などを売る市場。青空市場も隣接している。

6 ドラマ劇場
Театр драмы им. В.Ф. Комиссаржевской

ロシアの名女優ヴェラ・フョードロヴナ・コミサルジェフスカヤの名を冠した劇場。

7 旧市街
Старый центр

20世紀初頭に造られた古いロシアの町並みが続く地区。カフェやレストランがある。

8 ウスリースク駅
Вокзал

市の中心部から車で5分。駅前から真っすぐ延びるプーシキン通りを進むと町に着く。

古代史の舞台
渤海国遺跡の丘

ウスリースク市街の南側に広がる平原には渤海国の遺跡が残っている。建造物は残っていないが、いまでも出土品が発掘されている。市内から車で20分ほど。

ロシア文化を学べるテーマパーク
エメラルド・バレー

郊外にある中世・古ロシアの生活文化を体験できるテーマパーク。子供向けのイベントが年に数回行われるほか、週末限定でロシアの昔の生活様式や戦闘スタイルの体験ツアーがある（要予約）。

エメラルド・バレー
URL dvpark.ru/main

Vladivostok 41

TO DO LIST 09
TODO LIST 09
Trans-Siberian Railway

1泊2日で体験できる
夜行寝台「オケアン号」に乗ってハバロフスクへ

シベリア横断鉄道でモスクワまで行くには6泊7日の長旅になる。でも、同じ極東のハバロフスクまでなら1泊2日でOK。「オケアン号」で夜行寝台の旅を楽しもう。

「オケアン号」に乗り込む乗客たち。各車両にいる車掌はたいてい女性

ロシアでは車両の中では禁煙なので、駅が停車するたびにホームに下りてたばこを吸う乗客を多く見かける。

夜のウラジオストク駅。薄ぼんやりとライトアップされている

「オケアン号」は毎日運行

オケアン（Океан）はロシア語で「大洋」の意味。シベリア横断鉄道のウラジオストク駅とハバロフスク駅を約11時間30分で結ぶ寝台列車。ウラジオストクを夜21:00発で、ハバロフスクには翌朝8:30分着（2018年4月現在）。毎日運行されている。

夜行寝台「オケアン号」に乗ってハバロフスクへ

TODO LIST 09

食堂車を訪ねてみよう

1 食堂車は明るくて清潔 2 2等コンパートメントは4人用 3 メニューはロシア語のみ 4 白身魚のソテー 850Pとボルシチ 300P、ロシア風サラダ 400P 5 キッチンにも訪問 6 気さくなウエートレスさん

ロシアンディナーを楽しむ

コンパートメントに荷物を下ろしたら、食堂車を訪ねてみよう。ロシアンディナーやアルコールをカジュアルな雰囲気で楽しめる。営業時間は23時までなので、そんなに長く開いているわけではない。

「オケアン号」の寝台車に乗ると、ロシア風クレープ「ブリヌイ」など、軽食が付くプランが多い

「オケアン号」に乗る際の注意

ロシア鉄道のチケットは駅でも購入できるが、日本出発前に予約するにはロシアの鉄道予約サイト（URL russiantrain.com）を使う手もある。ただし、ロシア国鉄では運賃はシーズンによって変動があり、1等6800〜10000P、2等2900〜6000Pが目安。 2018年4月現在、ロシア沿海地方限定の電子簡易ビザでウラジオストク入りした日本人はハバロフスクに行くことができないため、「オケアン号」に乗車するためには、従来どおりロシア観光ビザを取得する必要がある。

\ROUTE MAP/

Vladivostok 43

TODO LIST 10

フォトジェニック・ウラジオストク！
プロが解説する すてきな写真の撮り方講座

Shooting in Vladivostok

ウラジオストクは撮影したくなるスポットがいっぱい。
どうしたらすてきな写真が撮れるのか。
ちょっとしたコツを本誌写真家の佐藤憲一が解説します。

最近のカメラやスマホにはグリッド表示があるのでONにして撮ると、構図づくりの手助けになる。

Scene 1 街を切り取る

1

2

3

4

5

ポイント ①
一部を切り取ることでフォトジェニックに！

ウラジオストクは「いちばん近いヨーロッパ」とも呼ばれるように街並みもとってもおしゃれ。1や3のように、パッと見たときには「どうってことないなぁ！」と思っても、2や4のように一部を切り取ることによって、一瞬でフォトジェニックになります。

写真は画面全体がキャンバス。主役の撮りたいものだけではなく、脇役にまで気をくばって、画面全体で構図を考えましょう。
例えば、5の写真では脇役のバスも意識しながら撮っています。

44　Vladivostok

scene 2 食べ物をおいしそうに撮る

ポイント 2
画面全体が
キャンバス。
料理をどう
並べるか。

料理の集合写真を撮るときも、画面全体がキャンバスということをイメージしながら、それぞれの料理を気持ちよく並べてみましょう。
主役が手前です。ワインやビールなども、すてきな脇役になります。フォークやナイフなどに気を配るのはもちろん、余計なものが画面の中に入ってこないように整理しましょう。

ポイント 3
真上ではなく
斜めから撮ると
おいしそうに
見える。

そして、一つひとつの料理を撮るときは、どのアングルで撮るとおいしそうに見えるのか、料理と対話しながらいろいろと動かしてみましょう。一般的には、真上よりも斜めから撮ったほうがおいしそうに見えます。中途半端に周りを入れずに、主役を画面全体にアップで撮るのもポイントです。

TODO LIST 10 プロが解説するすてきな写真の撮り方講座

Vladivostok 45

TODO ☑ LIST 10

Scene 3
夜景を撮る マジックアワー

ウラジオストクのカフェやホテルではWi-Fiが使える場所が多いので、すてきな写真が撮れたらSNSにアップしよう。

ポイント 4
日没直後の時間を狙ってみよう。

「マジックアワー」という言葉をご存じでしょうか？ 日没後わずか数十分の宝物の時間。写真家はその時間を大切にします。

ウラジオストクのシンボル「金角湾大橋と金角湾」。
日没直後は空にまだネイビーブルーの薄明かりが残り、美しく撮れるのです。
真っ暗闇になってしまうと、こうはいきません。
写真家にとって夜景といえば、真っ黒の空ではなくマジックアワーの写真です。
夜景を撮りに行くのなら、あなたも日没直後の時間を狙ってみましょう。
そのためには日没前から準備していることも肝心です。
最新のカメラは高感度（ISO）でもきれいに撮れるようになってきたので、手持ちでも撮れないことはありませんが、夜景をしっかりと撮るのなら三脚もあったほうがおすすめです。5〜10秒のスローシャッターにすれば、車のヘッドライトが軌跡のように映ります。

グム百貨店裏の一角は、今ウラジオストクでもいちばん注目のエリア。
マジックアワーの時間に、石畳をなめるように低い位置から歩行者を入れて撮ると空の藍色がきいてかっこいい写真になります。

ポイント 5
時間帯や太陽の方向を意識しながら撮る。

同じ場所でもちょっと時間帯が変わるだけで、まったく別のように映るのも写真の魅力です。時間帯や太陽の方向を意識しながら、写真を撮ってみましょう。
3 の写真は日没1時間ぐらい前の金角湾大橋と金角湾。ちょうど恋人たちがいて、まるで映画のような一コマになりました。

1

2

3

4

5

TODO LIST
☑
10

プロが解説するすてきな写真の撮り方講座

Scene 4
人を撮る

ウラジオストクの人たちはちょっと恥ずかしがり屋だけど、とてもフレンドリー。
「こんにちは！（ズドラーストヴィチェ＝ロシア語）」と声をかけながら、写真を撮らせてもらいましょう。
まれに嫌がる人もいますが、たいていは恥ずかしがりながら気持ちのよい笑顔をくれます。
特に、市場やお店、観光施設の人たちは気持ちよく撮らせてくれるでしょう。
人を撮るときには、くれぐれもカメラを突然向けないように……。
まずは、あいさつが基本。カメラを軽く構えてニコッとするだけでも相手の印象が違ってきます。
5や7のように画面の中に人をポイントで配置することによって生きてくる写真もあります。

ポイント 6
あいさつが基本。
カメラを構えて
ニコリ

6

7

Profile
佐藤 憲一（さとう けんいち）

1963年千葉市生まれ。金沢大学文学部卒業。大学卒業後、上海からポルトガルまでユーラシア大陸横断旅行。帰国後フリーの写真家として活動を開始。今までに50ヵ国以上の国々を訪問。近年は東アジアをおもなフィールドにし、特に中国貴州省のトン族をライフワークとして撮り続けている。
日本写真家協会（JPS）会員

Vladivostok 47

Column

日本人バレリーナも活躍
本場のバレエを観に行こう

ロシアの名門、マリインスキー劇場の
支部となる劇場がウラジオストクにある。
日本人バレリーナも所属しており、
1年を通じて公演が行われている。

ロマンティック・バレエの代表作のひとつで、ロシアで人気の『ジゼル』。踊っているのは同劇団の永瀬愛莉菜さん

マリインスキー劇場はサンクトペテルブルクにあるロシア最高峰の劇場で、1860年に設立。たくさんのバレエやオペラの名曲が生まれた。

金角湾をまたぐ大橋を渡ったすぐ先に2012年に完成した現代的なシルエットが美しい劇場がある。ロシア国立マリインスキー劇場沿海地方ステージ。2016年からロシアを代表するバレエ劇場でサンクトペテルブルクにあるマリインスキー劇場の支部となった。双方の人材の交流も盛んとなり、サンクトペテルブルクまで遠出しなくても、極東ロシアで本場のバレエやオペラが楽しめる。チケット価格もお手頃だ。

1 音響効果のために天然素材を多用したホール 2 マリインスキー劇場には路線バス15番で行ける。劇場の前に停留所がある

公演の予約はネットでできる

マリインスキー劇場の公演チケットは、劇場の窓口でも買えるが、同劇場サイトから予約ができる。まずトップページから個人登録をし、完了メールが送られてくるのを待つ。メールを受けたらログインし、公演予定をチェック。観たい演目や座席を指定し、クレジットカード（VISAかMASTER）で決済する。その後、メールでEチケットが送られてくるので、プリントアウトして劇場に行けばいい。

マリインスキー劇場
Мариинский театр
URL prim.mariinsky.ru/en

劇場のある町のソリストとして

札幌出身の則竹江里子さんは4年前、モスクワの劇場からウラジオストクに移ってきた。

「毎朝10:00に劇場に通ってストレッチと基礎トレーニングを行い、午後から公演のリハーサル。夜7:00からは公演が始まる。そんな毎日です」。

同劇団でソリストとして活躍する彼女は毎月平均7〜10回の公演をこなす。なかでも冬はシーズンだ。海外に呼ばれて公演に出かけることもある。好きな演目は『ジゼル』や『白鳥の湖』（ちなみに、オペラではロシアの作曲家リムスキー＝コルサコフの作品である『皇帝サルタンの物語』と『クリスマス・イヴ』がおすすめとのこと）。

「ロシアのバレエを選んだのは、古典を大切にするところが好きだったから。劇場のある町で踊りたいとずっと思っていた」

そんな夢を現実のものとしている彼女はウラジオストクの魅力をこう語る。

「この町はどこに行っても海がある。特に夏の気候は気持ちがいい。車を少し走らせればすぐに島に行ける。ロシア人は日本のものが大好きで、日本人にとても優しい。小さな町だけど、クオリティの高いレストランやバーも多い。女子旅が楽しめる町じゃないかな」

同バレエ団は世界各国の出身者から編成されているが、日本人は男女合わせて7名いるという。日本とウラジオストクという距離的な近さもそうだが、彼女らの存在を知ることでバレエをもっと身近に感じることができるだろう。

「サンクトペテルブルクに比べると、ウラジオストクはまだ知名度がないのは確かですが、冬場に上演される『くるみ割り人形』がオリジナルバージョンなので、ぜひ観ていただければと思います。12月から1月にかけては、オペラの『クリスマス・イヴ』とバレエの『くるみ割り人形』を毎日のように公演します」（則竹さん）

彼女らが活躍する舞台をぜひ観に行こう。

劇団に所属する西田早希さん、則竹江里子さん、利根優芽さん

48　Vladivostok

VLADIVOSTOK
GOURMET
&
SHOPPING

Russian Food, Pacific Russia Food.
Georgian Food, Cafe&Sweets, Bar,
Market, Russian goods etc.

ウラジオストクの定番料理&ローカルプロダクト

海と森に囲まれ、自然の幸に恵まれた極東ロシアでは、
中央アジアや近隣国から来た多民族によるユニークな食文化が育まれた。
ロシア文化の香り漂う雑貨やお菓子も見逃せない。

GOURMET 01

ヨーロッパとアジアの食がミックス
ウラジオストク グルメ NAVI

ウラジオストクにはおしゃれなレストランから
地元の人が通う食堂、カフェまで揃い、
旅のスタイルや予算でその日のメニューが選べる。
バーやライブハウスなど夜遊びスポットも多く、楽しみは尽きない。

ボルシチはいわば「ロシアの味噌汁」で、レストランによっても驚くほど味が違う。

レストランの種類

ロシアで食事ができるのは、レストランPectopaнやカフェKaфe、バーbap、スタローヴァヤCtoловaя（食堂）など。レストランの種類は多く、本格的なロシア料理の店から中央アジアのジョージア（旧グルジア）料理、ウズベキスタン料理など、さらには日本海の海鮮が豊富なことからシーフードレストランも増えている。近隣アジアの中国や韓国、そして日本食のレストランも多い。想像以上に食の世界が豊かで多様なのが、現在のウラジオストクの食のシーンといえる。予算はレストランで一品が日本より少し安い感じ。スタローヴァヤやカフェは日本に比べかなりお得感がある。

ロシアではレストランもカフェと呼ぶことが多い

ロシア料理と中央アジア料理

伝統的には帝政ロシア時代にフランス料理を取り入れたごとでロシア料理は形成されたが、広い国土や寒冷な気候、多民族国家としての各地域の特色ある味覚が加わるなど、その種類は多種多様である。味付けの特徴としては、ソースやクリームを使い、刺激の少ないまろやかなものが多く、日本人の口に合う。ロシア人は夏はダーチャで自家製野菜を作り、秋はきのこ狩りでマリネや酢漬けにする習慣があり、野菜を豊富に使うのも特徴だ。一方、ロシア人にとって南方のコーカサス地方は南欧のような存在で、豊かな食材によるスパイシーな料理をワインと一緒に味わえることから全国的に人気。ウラジオストクに中央アジア料理店（→P.58）が多いのはそのためだ。

モダンな中央アジア料理レストランも多い

ひとり旅なら食堂を活用！

トレイに好きな料理を並べ、あとでレジで精算する

町の食堂「スタローヴァヤ」（→P.54）はビュッフェ式で料理を見ながら好きなだけ選べるので、ひとり旅でも気軽に利用できる。メニューの中身も庶民的でリーズナブル。コーヒーや紅茶、ドリンク類も豊富なので、ランチに利用するといい。

極東ロシア特有の食材を生かした味覚

極東ロシアは日本海に面し、タイガの森に囲まれていることから、海や森の食材に恵まれている。これらはもともとこの地の先住民族が食していたものだが、それを食材として大胆に取り入れ、オリジナルな食の世界「パシフィック・ロシア・フード」（→P.56）を作り出そうとしている。

山菜のワラビやゼンマイも食卓に上る

森で採れるリモンニク（五味子）は欠かせない調味料

ナマコは日本と同様酢漬けにして食べる

レストランの予約について

人気のレストランの場合、特に週末（金・土曜）は予約でいっぱいのことが多い。予約は電話やネットでできればいいが、ロシア語となるとちょっとハードルが高い。この際、どうしても行きたい店はなるべく早めに行って空くのを待つくらいの覚悟でいよう。地元の人たちもそうしている。

● 営業時間
営業時間はランチが11:00〜15:00、ディナー18:00〜22:00頃が目安。日曜もたいてい営業している。冬季は閉店が早い場合も。

● ドレスコード
一部の人気高級レストランでは、地元の人たちがドレスコードを守っていることもあるが、観光客はそれほど気にすることはない。

● 喫煙について
ロシアでは、公共の場所はすべて屋内では禁煙。レストランやバーも同様。店の外に喫煙スペースがあり、愛煙家のたまり場となっている。

50　Vladivostok

支払いについて

レストランでの支払いは基本的にテーブルチェック。食事が済んだらスタッフを呼び、精算してもらう。クレジットカードはVISAやMASTERは多くの店で使えるが、JCBやAMEXは使える店がまだ少ない。スターロヴァヤやカフェでは、レジで注文を行うセルフサービス式が基本。注文したときに支払いを済ませ、席まで自分で運ぶ。

メニューの見方

ウラジオストクを旅する不安のひとつが「言葉の壁」。ホテルのフロントや一部のカフェやレストランなどを除いてあまり英語が通じない。ロシア語のメニューが読めないと、何を頼んでいいのかわからなくて困り果てるかも。一般に、ロシアでもコース式に、前菜、スープ、メインディッシュ、デザート、紅茶という順番で料理が出てくる。まずは、以下のロシア語をメニューで確認しよう。

ナイトライフも充実 カフェ&バー

ウラジオストクには町の規模からみて信じられないほど多くのカフェやバーが営業している。それぞれ個性を競い合い、心地よい空間をつくり出しているので、カフェ巡りやバーのはしごが楽しめる。ロシアといえば紅茶のイメージが強いが、最近はコーヒーショップが増えており、おいしいコーヒーに出合える。バーもたいてい食事が楽しめるので、ゆっくり時間を過ごすことができる。

1 人気のカフェチェーン「カフェマ」(→P.34)
2 カフェモカ150P 3 バーご飯も楽しめる

日本語メニューも増えている

最近、ウラジオストクでも日本語メニューを用意するカフェやレストランが増えている。日本語はなくても、料理の写真入りや英語併記のメニューも多くなっている。中国や観光客からの観光客も多いため、中国語やハングル表記のメニューも多い。

シーフードレストラン「ポルトカフェ」(→P.56)の日本語メニュー

	Закуска 前菜 (ザクースカ)	Десерт デザート (ティセールト)
	Суп スープ	Чай 紅茶 (チャイ)
	Второе блюдо メインディッシュ (フタロエ・ブリューダ)	

レストランで役立つ単語帳

食材	Продукты питания	プラドゥークティ・ピターニヤ
牛肉	говядина	ガヴャージナ
豚肉	свинина	スヴィニーナ
羊肉	баранина	バラーニナ
サーモン	кета	ケター
カラフトマス	лосось	ラソース
ニシン	селёдка	セリョートカ
イクラ	икра	イクラー
キャビア	чёрная икра	チョールナヤ・イクラ
ジャガイモ	картошка	カルトーシュカ
ニンジン	морковь	マルコーフィ
キャベツ	капуста	カプースタ
ビーツ	свёкла	スビョークラ
ナッツ	орехи	アリェーヒ

デザート	Десерт	ディセールト
クレームブリュレ	крем брюле	クリェーム・ブリュレ
ジンジャーブレッド	коврижка	カヴリーシュカ
ゼリー	желе	ジェリェー
ロシア風クレープ	блини	ブリヌィ
タルト	торт	トールト

飲み物 (ソフトドリンク)	Безалкогольные напитки	ヴェザルカゴーリヌィ・ナピートキ
紅茶	чёрный чай	チョールヌィ・チャイ
緑茶	зелёный чай	ゼリョーニー・チャイ
コーヒー	кофе	コーフィ
砂糖	сахар	サハル
ミルク	молоко	マラコ
水	вода	ヴァダー
クワス	квас	クヴァス
ケフィア	кефир	ケフィール

※ロシアでは「アメリカーノ(Американо)」といえば、日本のブレンドコーヒーと同じ。ロシアのオリジナルドリンクのクワスはライ麦を発酵させた飲み物。ケフィアは飲むヨーグルト。

飲み物 (アルコール)	Алкогольные напитки	アルカゴーリヌィ・ナピートキ
ウォッカ	водка	ヴォトカ
ワイン	вино	ヴィノー
ビール	пиво	ピーヴァ
シャンパン	шампанское	シャンパンスコエ
カクテル	коктейль	カクテイリ

Vladivostok 51

GOURMET 02

日本人の口にしっかり合う
本場のロシア料理を味わおう

寒冷な気候から独特の食材や調理法から生まれたロシア料理。
ヨーロッパの影響も強く、味つけも繊細だ。
おもな伝統料理と人気の店をご案内。

一時期閉店していた駅近くの老舗ロシア料理店の「ノスタルギーヤ」がリニューアルオープンした。

A ビーフストロガノフ
бефстроганов　430P

ストロガノフ伯爵家のフランスの調理人が歯の悪い主人のために牛肉をスメタナなどで煮込んだといわれる一品。

A ボルシチ
борщ　290P

ビーツのほのかな甘さが特徴の赤い色をした野菜入りスープ。地域や家庭で味や素材が違う。お好みでスメタナをかけて食べる。

A カツレツ
котлета　420P

ひき肉にパンや卵を入れて鍋で揚げたハンバーグに似た料理。写真は沿海地方らしくヘルシーなカマス入り。

A ケター（サーモンの冷製）
копчёная кета　350P

ロシア料理の前菜にサーモンは定番。肉厚にカットしたスモークサーモンにオリーブや自家製ピクルスなどを添えて。

A セリョトカ（ニシンの塩漬け）
маринованная селёдка　240P

ロシアや北欧で人気の前菜。ニシンをハーブやニンニクと一緒に酢に漬け込む。お酒のつまみにピッタリ。

サラダもいろいろ

ロシアのサラダ（салат）はポテトや卵、ニンジン、ビーツなどのさまざまな素材をミルフィーユのように重ねる。スメタナやマヨネーズで味つけされることが多い。ヘルシーでさっぱりとしておいしい。

アツアツのつぼ焼きがたまらない

寒いロシアではアツアツのつぼ焼きが人気。器代わりのパンに穴を開け、そこに肉やキノコを使ったスープを入れ、パンをかぶせてオーブンで焼く。ふたのパンはスープにひたして食べる。

52　Vladivostok

チキンとチーズのペリメニ
290P

B ペリメニ
пельмени

こぶりでひと口サイズのロシア風水餃子。具材もいろいろで、スメタナやマヨネーズをかけて食べる。

キノコのペリメニ
290P

C ピロシキ
пирожок

カレーパンのヒントになったといわれるロシア風揚げパン。ひき肉やキャベツ入りが一般的だが、ジャム入りもある。

ゆで卵とひき肉入り
揚げピロシキ
35P

クリームとジャム
105P

D ブリヌィ
блины

ロシア風クレープでサーモンやハム、チーズなどを包めば食事になるし、ハチミツやジャムなどを包むとおやつになる。

サーモンと
クリームチーズ
230P

GOURMET 02
本場のロシア料理を味わおう

A 地元で人気の老舗店
スボイフェーテ
Svoy Fete

ヨーロピアンスタイルのインテリアで落ち着いた雰囲気の店。本場のロシア料理を食べるならここ。シーフードも豊富。写真付きの英語メニューもある。

▶ Map P.126-B2

住 ул. Адмирала Фокина 3　TEL 222-8667
URL svoy-fete.ru　営 11:00～翌1:00　休 なし　Card M.V　交 噴水通りから徒歩2分

B ポップなペリメニ屋さん
ローシキ・プローシキ
Ложки плошки

ペリメニの食文化として楽しさを伝えるポップな内装のデザインが魅力の専門店。ピロシキなどの軽食もある。アルコールも飲める。英語メニューあり。店は地下1階にある。

▶ Map P.126-B2

住 ул. Светланская 7　TEL 260-5737
URL lozhkiploshki.ru　営 月～金8:00～24:00、土・日9:00～24:00　休 なし　Card M.V　交 中央広場から徒歩5分

C おばあちゃんの ▶ Map P.126-B3
ピロシキ屋
ピラジョーチニッツア
Пирожочница

昔ながらの手づくり揚げピロシキとパイ店。種類も豊富で1個50P前後とお手頃価格。おばあちゃんが店内で調理しているので、運がよければできたてが味わえる。日本語メニューあり。

住 ул. Алеутская 11　TEL 260-5737
営 24時間　休 なし　Card 不可
交 ウラジオストク駅から徒歩3分

D おしゃれなブリヌィ・カフェ ▶ Map P.126-B2
ウフティブリン
Ух Ты Блин

地元の人たちに愛されるブリヌィの専門店。カウンターで注文し、料金を先払いするスタイル。英語、日本語メニューあり。写真は名物店員のジェーニャさん。

住 ул. Адмирала Фокина 9　TEL 200-3262
営 9:00～21:00　休 なし　Card 不可
交 噴水通りから徒歩1分

Vladivostok 53

GOURMET 03

ロシア人はソバの実を主食のように食べる。ダイエットにも効く健康食だ。

私たちがつくりました

チキンと野菜の炒め煮や卵とじ、ハンバーグ、インゲン炒め、ブロッコリーなど、親しみのあるメニューばかりなので安心

毎日来てね

ニルィダイの看板娘のツーショット

ロシアの大衆食堂
スタローヴァヤで庶民の味に親しもう

スタローヴァヤはビュッフェスタイルの大衆食堂。
日本のファミレスのセルフサービス版だと思えばいい。
お財布にも優しく、気軽に利用できる。

スタローヴァヤの利用法

キッチンから運ばれた料理が並ぶショーケースの前でトレイを持って好きなものを取り、レジでお会計。ロシア語メニューが読めなくても大丈夫。コーヒー、紅茶はもちろん、自家製ジュースなどドリンク類も豊富。開店直後に行くと、できたてが食べられる。

リーズナブルなのにおしゃれ
ニルィダイ
Не рыдай

2016年にリニューアルされ、リーズナブルなのにレストランのような雰囲気が楽しめる食堂だ。料理は庶民的なメニューが多く、いろいろ選べるのが楽しい。

▶ Map P.126-B2

住 ул. Светланская 10
電 908-994-4413　開 月〜金 9:00〜22:00、土・日 10:00〜22:00　休 なし　Card M.V
交 中央広場から徒歩3分

1 地元の家族も多い　2 ヴェルサイユホテルの隣にある

GOURMET 03

スタローヴァヤで庶民の味に親しもう

大衆食堂のメニューはこんな感じ

- 食パン 3P
- 家庭風ボルシチ 90P
- キュウリのサラダ 50P
- 黒パン 3P
- チキンと野菜の炒め煮 110P
- ソバの実 30Pとロールキャベツ 70P
- ナス炒め 90Pとカツレツ 70P
- 海藻サラダ 100P
- 卵とじ 100P
- ソーセージ 120P
- インゲン炒め 60P
- ポテトチーズ焼き 85P
- 野菜スープ 70P

スタローヴァヤで働いているのは、カフェとは違って気取らない親しみのあるお姉さんたちが多い

たくさん食べてね

明るく清潔な学食風チェーン
リパブリック（駅前店）
Republic

ウラジオストク駅の真向かいにある学食みたいなチェーン店。料理が並ぶのは1階フロアで、2階にはドリンクカウンターがあり、アルコールもある。

▶ Map P.126-B3

[住]ул. Верхнепортовая 2г　[電]221-5066　[URL]vl.ru/republic　[開]月〜木9:00〜23:00、金9:00〜24:00、土10:00〜24:00、日11:00〜23:00　[休]なし　[Card]不可　[交]ウラジオストク駅から徒歩1分

1 グリルチキンとポテトサラダのランチ
2 インテリアはシンプルだが、明るく広々
3 ガラス張りのピラミッド型屋根が目印

エアロエクスプレス駅直結の店
スタローヴァヤ・ノメルアジン（駅前店）
Столовая №1

▶ Map P.126-B3

ウラジオストク駅の隣のアエロエキスプレス駅（空港行き列車）のすぐ横に入口があり、階段を下りて入る。アットホームな雰囲気なので、お茶だけで過ごしても楽しい。

[住]ул. Алеутская 4　[電]221-5365　[URL]st1.one　[開]8:00〜21:00　[休]なし　[Card]不可　[交]ウラジオストク駅から徒歩1分

お手頃価格の庶民派
スタローヴァヤ・ミヌート（アレウーツカヤ通り店）
Столовая Минут

▶ Map P.126-B3

ここも駅前通りに面したビルの路面店。店内は広くないが、ロシアの庶民料理が手頃な価格で楽しめる。市内に数店舗チェーン展開していてオレンジ色の看板が目印。

[住]ул. Алеутская 11　[電]262-0309　[開]8:30〜19:00　[休]なし　[Card]不可　[交]ウラジオストク駅から徒歩1分

Vladivostok 55

GOURMET 04

海と森の幸を生かした食の新潮流
PACIFIC RUSSIA FOOD の世界へようこそ

1〜2月の海の旬はワカサギ、5〜6月はホタテ、7月はタラバガニ。

カムチャツカでとれた巨大なタラバガニ 2400P

こんなに大きいの食べる？

パシフィック・ロシア・フードとは

古来沿海地方にいた先住民族の伝統や中央アジアからの移民などの文化を取り込み、さらには近隣アジアや日本の食文化の影響を受けて生まれたのが、おもの新潮流「パシフィック・ロシア・フード」だ。主な食材としては、タラバガニやホタテ貝、イクラ、ナマコなどの海鮮に加え、森で取れたワラビやリモンニク（五味子）など。

ナマコの酢漬 980P

生ホタテ 250P。ワサビとレモンを添えて

タラバガニを豊富に使ったオリヴィエサラダ 640P

ロシア極東料理の看板店
ポルトカフェ
PORT CAFE

パシフィック・ロシア・フード文化を牽引する代表的レストラン。店内にはカニの生けすやハチミツなどの地元食材の展示もある。写真付きの日本語のメニューあり。

▶ Map P.125-C1

ул.Комсомольская 11　924-731-5868　port-cafe.ru　12:00〜24:00　なし　M.V.　路線バス15番、59番Дальпресс下車、徒歩3分

旬の魚を味わってください

1 ポルトカフェのシェフのスラーヴァさん　2 船内をイメージしたインテリアの店内　3 市内中心部からは少し離れた高台にある

ピリ辛海鮮スープ 580P

繊細な味わいのソリャンカ（魚のトマトスープ）380P

56

日本海に面したウラジオストクは海の幸だけでなく、タイガと呼ばれるシベリアの針葉樹林が育む森の幸にも恵まれている。豊かな自然のエネルギーを取り込んだ魅惑のグルメを体験しよう。

眺めもいいですよ

GOURMET 04

PACIFIC RUSSIA FOOD の世界へようこそ

夜景の美しい隠れ家レストラン
ミッシェル
Michelle

グム百貨店の裏手にある雑居ビルの8階にあり、夜景が楽しめる。だが、それ以上にポイントが高いのは、味つけだけでなく盛りつけまで美しい凄腕シェフの存在だ。

▶Map P.127-C2
住 ул. Уборевича 5а,8F　℡ 230-3116　URL vladmichelle.ru
営 12:00～24:00　休 なし　Card M.V
交 グム百貨店から徒歩2分

1 港の全域が見わたせる　2 2014年のロシアの料理コンテストで2位の元チーフシェフ、セミョンさん　3 牛フィレ肉のグリル 1900P　4 サーモンを使った"シェフズスペシャル" 950P　5 キノコのクリームスープ 250P

ホタテやカキがおいしい
パラウフィッシュ
PALAU FISH

ウラジオストク港に揚がった新鮮な海鮮を使い、素材のよさを生かしたシンプルな味わいの人気店。店内には生簀やマントルピースがあり、落ち着いた雰囲気で食事ができる。

▶Map P.127-D2
住 ул. Суханова 1　℡ 243-3344
URL palaufish.com　営 11:00～24:00　休 なし　Card M.V　交 グム百貨店から徒歩5分

1 シーフード盛り合わせ 630P　2 生ガキ1個 250P　3 高級感のある石造りのインテリア　4 現代ホテルに近い繁華街から少し離れた場所にある

GOURMET 05

日本ではまだ知られていない
中央アジア料理にトライ！

多民族国家のロシアでは
中央アジアの料理店が多く、
人気はジョージア（旧グルジア）料理。
港町らしい西海岸風ハンバーガーや日本食など、
多国籍料理も紹介。

中央アジア料理の代名詞はビッグサイズの串焼きのシャシリク。

なぜジョージア（旧グルジア）料理？

広大なロシアの東の果てにあるウラジオストクで、西の果てにあるジョージア料理が食べられてきたのはソ連時代から。ロシア人からみると、ジョージアなどコーカサスの国々はイタリアのような食に恵まれた温暖な土地で、おいしいものの宝庫と考えられてきた。ロシア料理にはないスパイシーな刺激も彼らを魅了してきた。

ジョージアは世界最古のワインの産地

ジョージア風骨付きラムロースト 320P

チーズと卵を包んだジョージア風ピザのハチャプリ 350P

中央アジア風のユニークな形をした水餃子のヒンカリ1個70P

おいしいワインもどうぞ

ハルチョーは超スパイシーな仔牛のトマト煮込みスープ 250P

洋館を改装したシックな人気店
サツィヴィ
Сациви

チキンにスパイシーなクルミソースをかけた名物ジョージア料理「サツィヴィ」から名を取った店で、料理も雰囲気も地元で評判。ジョージア産ワインも豊富に揃っている。

▶ Map P.126-B3

住 ул. Ланинский 3　TEL 268-5555　URL sacividv.ru　時 12:00〜24:00　休 なし　Card M.V
交 ウラジオストク駅から徒歩4分

1 気さくな若いスタッフ
2 モダンな中央アジア風インテリア　3 ライトアップされた外観

58　Vladivostok

1 特大牛のシャシリクは1本499P
2 メニューはすべて写真付きなので、旅行者も利用しやすい
3 内装はポップなデザインで若者客が多い

新感覚の串焼きチェーン
シャシリクオフ
Шашлыкoff

ディナモ・スタジアムの前にあるロシア全国チェーンの中央アジアレストラン。シャシリク（肉の串焼き）がメインだが、ペリメニやボルシチなどのロシア料理も味わえる。

▶Map P.126-B1
住ул. Пограничная 10 ☎230-2134
URL instagram.com/shashlikoff_vladivostok 開10:00～翌2:00
休なし Card M.V 交噴水通りから徒歩3分

中央アジア料理にトライ！

港町のハンバーガーレストラン
ダブ
DAB

店名はDrinks and Burgersの略で、2015年にオープンしたアメリカンスタイルの店。手づくりハンバーガーがおいしいと評判で、なかでも炭入りハンバーガーが人気。

▶Map P.126-B2
住ул. Алеутская 21
☎262-0170
URL dabbar.ru 開月～木9:00～翌2:00、金9:00～翌6:00、土10:00～翌6:00、日10:00～翌2:00 休なし Card M.V 交中央広場から徒歩5分

1 炭入りパンのフィッシュバーガーセット390P
2 1階にはバーカウンターあり
3 ウラジオストクのハンバーガーブームの火付け役

本格的日本料理の店
炎（えん）
EH

2017年にオープンした北海道の居酒屋チェーンのウラジオストク店。調理人も日本人で、看板メニューの生つくねや新鮮な刺身など本格的な日本料理が味わえる。

▶Map P.126-A3
住ул. Бестужева 35б
☎279-5050 URL izakaya-en.ru 開12:00～24:00 休なし
Card M.V 交ウラジオストク駅から徒歩5分

1 生つくね5種盛り470P
2 ウラジオストク在住の板前の佐藤寛さん
3 ジェムチュージナホテルに近い
4 ランチの刺身定食780P

ロシア人経営のラーメン店
Iki Iki

日本から輸入した麺を使った地元のラーメン店。経営も店員もロシア人なので、スープはマイルドでポタージュ風。焼きそばや麺類以外の料理もある。写真付きメニューあり。

▶Map P.126-B2
住ул. Адмирала Фокина 23б
☎924-730-8900 URL vl.ru/iki 開10:00～22:00 休なし Card M.V 交中央広場から徒歩4分

1 味噌、醤油、塩ラーメン490Pない
3 ビルの2階にある
2 店内は日本のラーメン屋と変わらない

Vladivostok

GOURMET 06

スタバはないけど、甘いものいっぱい
カフェスイーツを楽しもう

ロシア人は甘いもの大好き。カフェに行くと、ケースにずらりとスイーツが並んでいる。日本に比べるとリーズナブルなのでうれしい。

ウラジオストクはカフェの町といっていいほど店が多くて、散歩が楽しめる。

ウラジオストクのカフェは遊び心にあふれている。世界中どこにでもあるグローバルチェーンがないところが魅力

ラブリー系おしゃれカフェ
ペーカルナヤミッシェラ
（スハーノフ公園前店）
Пекарня Мишель

フレンチテイストを前面に打ち出し、ポップな内装や食器、カラフルなスイーツ類などが特徴のカフェチェーン。2階にキッズスペースがあり、地元の家族連れにも人気。

▶ Map **P.127-D2**

住 ул. Суханова 6А　電 298-2288
URL michelbakery.ru　営 月〜木、日 8:00〜22:30、金・土 8:30〜22:00　休 なし　Card M.V
交 グム百貨店から徒歩4分

カラフルなエクレア1個 160P

市内に8店舗あり

60　Vladivostok

観光の合間のひと休みに最適
ペーカルナヤミッシェラ
（スヴェトランスカヤ通り51店）
Пекарня Мишеля

潜水艦C-56博物館やニコライ2世凱旋門などに近い場所にある人気カフェチェーン。朝早くから開いているので、早起きして港を散策したあと、ひと休みするのにいい。

▶ Map P.127-D3

住 ул. Светланская 51　電 254-6886　URL michelbakery.ru　開 8:00～21:00　休 なし　Card M.V　交 グム百貨店から徒歩3分

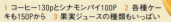

1 コーヒー130pとシナモンパイ100P　2 各種ケーキも150Pから　3 果実ジュースの種類もいっぱい

バス停前のお手頃カフェ
ピロガバヤ
Пироговая

オケアンスキー通り沿いのバス停の近くにあるアットホームな雰囲気のカフェ。ショーケースには手づくり感あふれるアイシングクッキーや素朴なスイーツが並ぶ。

▶ Map P.127-C1

住 ул. Океанский проспект 18　電 914-794-3808　URL vstort.ru　開 8:00～20:00　休 なし　Card M.V　交 グム百貨店から徒歩3分

1 ナポレオンケーキとドリンクセットで100Pから　2 店内は広くはないが、落ち着いた雰囲気　3 路線バス15番や59番の乗り場に近い

昔ながらの庶民派カフェ
ヴィシュネーブニー・サド
Вишневый сад

昔ながらのホームメイドスイーツが楽しめるカフェ。ショーケースから好きなものを選び、ドリンクを頼む。運がよければ、黒ネコのお出迎えが受けられるかも。

ベリーのケーキ80P　特製シュークリーム65P　3 入口は路地の中にある

▶ Map P.126-B1

住 ул. Семеновская 1　電 222-2892　URL vstort.ru　開 8:00～20:00　休 なし　Card M.V　交 グム百貨店から徒歩3分

地元で人気のベーカリーカフェ
ラコムカ（スヴェトランスカヤ通り店）
ЛАКОМКА

1903年創業の地元ベーカリーが始めた人気のカフェチェーン。パンやスイーツ、ピロシキなど種類が豊富で、甘さもボリュームも控えめなのがいい。

▶ Map P.126-B2

住 ул. Светланская 7　電 254-0334　URL lakomka.online　開 月～金 8:00～21:00、土・日 10:00～22:00　休 なし　Card M.V　交 中央広場から徒歩2分

1 ジャムパン風ピロシキ19P　2 ひき肉入りピロシキやパイもある。20P～27Pと安い　3 清潔な店内。朝8:00から開いているので朝食にぴったり

GOURMET 06 カフェスイーツを楽しもう

Vladivostok 61

GOURMET 07

海岸通りに近いポグラニーチナヤ通りにはバーが集中している。ワインやビールがメインなど、店によって趣向が違う

ナイトライフも充実
夜の街に繰り出そう

港町だから夜遅くまで開いている
バーやクラブも多い。
店では夜10時以降は
アルコールが買えないが、
バーに行けば日付が変わっても
ゆっくり飲める。

人気のカクテルバー
ムーンシャイン
Moonshine

マリインスキー劇場の日本人バレリーナもおすすめのおしゃれなワイン&カクテルバー。モダンなレンガ造りの内装で何時間いてもくつろげる。英語メニューあり。

▶ Map P.126-B2

住 ул. Светланская 1　℡ 984-197-7051
URL vl.papaguide.ru/moonshine　開 日〜木 18:00〜翌2:00、金・土 18:00〜翌4:00　休 な
し　Card M.V　交 噴水通りから徒歩3分

1 スタッフは英語で対応　2 カクテル3種。左からビターブラック500P、ミンジュレップ450P、スミノモコリン450P　3 通りに面していてすぐわかる

62　Vladivostok

ムミー・トローリとは

ウラジオストク出身のメンバーで構成され、1980年代のソ連が崩壊にいたる激動期にデビューしたロシアを代表するロックバンド。バンド名はフィンランドの画家ヤンソン作のムーミン・トロールによる。世界的なヒット曲は『ウラジオストク2000』（1997年）。海外公演や来日経験も多く、最近では2017年11月末に渋谷でライブを行っている。リーダーのイリヤ・ラグテンコさん（左からふたり目）は、国際音楽祭の「ウラジオストク・ロックス（V-ROX）」の開催にも関わり、近隣アジアや日本との文化交流に尽力している。

GOURMET 07 夜の街に繰り出そう

1 ライブは金・土曜を中心に22:30頃から **2** ムーミー・トローリのメンバー（左から2番目がイリヤさん） **3** 入店は21歳以上、ドレスコードあり。

おしゃれなミュージックバー
ムミー・トローリ
Мумий Тролль

ウラジオストク出身のロックグループ「ムミー・トローリ」のメンバーが始めたミュージックバー。奥にダンスフロアもある。料理もあるが、着席する場合は席料がかかるので確認が必要。

▶ Map **P.126-B1**
住 ул. Пограничная 6　Tel 262-0101
URL mumiytrollbar.com
営 18:00～翌8:00　休 なし
Card M.V　交 噴水通りから徒歩3分

世界中のビールが飲める
ホーリーホップ
HOLY HOP

オケアンスキー通りに面したビールバーで、夜遅くまで営業しているのがありがたい。ロシアはもちろん、世界中のビールが揃う。グリル料理も用意している。

▶ Map **P.127-C2**
住 ул. Океанский проспект 9　Tel 250-2929
URL facebook.com/holyhopvl
営 12:00～翌2:00　休 なし　Card M.V
交 中央広場から徒歩3分

地元の若者の夜遊びスポット
ウイスキーバー
Whisky Bar

バーガーキングの隣にある24時間営業のDJバー。地元の若者が多く、ほぼ毎日イベントが行われている。メニューも豊富でリーズナブル。英語メニューあり。

▶ Map **P.126-B1**
住 ул. Семеновская 12　Tel 266-4165
URL vk.com/whiskybar_vl
営 24時間（月のみ8:00～24:00）　休 なし
Card M.V　交 中央広場から徒歩5分

大人のライブレストラン
シンジケート
Syndicate

アメリカの禁酒法時代の1920～30年代のイメージを演出したライブレストラン。メニューは本格的なロシア料理。金・土は生演奏がある。英語、日本語メニューあり。

▶ Map **P.125-C1**
住 ул. Комсомольская 11　Tel 908-995-3585
URL club-syndicate.ru　営 日～木12:00～24:00、金・土12:00～翌2:00　休 なし　Card M.V
交 路線バス15番、59番ダリプレッス下車、徒歩3分

SHOPPING

地元の人とのやりとりが楽しい
ローカル気分で市場散策

ロシア語が話せなくても、カタコトや身ぶり手ぶりでお店の人とやりとりするのは旅の醍醐味。そんなわくわくドキドキも楽しめるから、市場巡りはやめられない!

ウラジオストクの市場

ウラジオストクの市場は郊外に点在していて、基本的に地元の人たちが生活雑貨を購入する場所だ。ツーリスト向けではないため、おみやげに向くものは多くないが、価格がきちんと表示されていて、値切り交渉はほとんどないから安心だ。ツーリストだとわかると、試食させてくれたり、オマケをつけたりとサービス満点。おみやげとして持ち帰るのでなければ、買い物の選択肢は広がる。検疫で日本に持ち込めない肉や魚の加工品も、ホテルでの部屋飲みのツマミになる。ロシア人の暮らしを知るうえでこれほどおもしろいスポットはない。

コリア系住民もいるのでキムチがある

郊外の巨大市場
キタイスキー市場(通称)
Китайский рынок Спортивная

ウラジオストク最大の総合市場。広大な敷地内は衣料や家電、日用雑貨、食料品などいくつかのブースに分かれている。雑貨の大半は中国製ゆえにキタイスキー(中国の意味)と呼ばれるが、通称にすぎない。食品はロシア産も多い。

▶ Map **P.123-C2**

住ул. Фадеева 1в 時10:00~19:00 休なし 圏店舗により異なる 交路線バス31番Спортивная下車、徒歩1分

1 中央アジア系の店ではドライフルーツやナッツを扱う　2 衣料品や日用雑貨は中国製　3 地元で取れた泥つきニンジン　4 地元のパン売りのおばあちゃん　5 タラバガニもここでは安い

ここまでしっかり価格表示されている

64　Vladivostok

コシアらしさを味わうならここ
ルガバヤ市場
Рынок Луговой

キタイスキー市場の北側にある小さな市場。お菓子やパンなどを売る個人経営の小さな店が多いが、ロシア人の生活に欠かせない店も多い。なかでもハチミツは大切な健康食品で、市場内には専門店もある。

▶Map P.123-C2

住 ул.Луговая 22 営 8:00〜20:00
休 なし Card 店により異なる
交 路線バス31番 Луговой 下車、徒歩3分

1 薬草とハチミツの専門店『トラヴニック』のアレクサンドルさんは3代目　2 店は市場の奥にある　3 ローカル菓子がまとめて買える

丘いので歩いて行ける
中央広場の週末市
Площадь Борцов за власть Советов

丘郊の農家や漁業関係者が来て、新鮮な野菜や魚介類、肉やその加工品、乳製品、パンや焼き菓子、ハチミツなどを売る小さなブースがずらりと並ぶ。郊外に出なくても市場の雰囲気が味わえるのでおすすめ。

▶Map P.124-B2

住 Площадь Борцов за власть Советов 営 4〜11月の毎週金曜、土曜 休 不可
交 バス31番 Центр 下車

1 朝早くから日が暮れるまでやっている　2 広場でイベントのある日は休み　3 地元産の新鮮なハチミツや五味子が並ぶ　4 野菜もとれたて　5 エビやタラバガニも

ローカル気分で市場散策

SHOPPING 01

郊外ショッピングモールの食品売り場
ピエルバヤレーチカ
Первореченский Торговый центр

市場に行かなくても、たいていのものはショッピングモールで買える。市内中心部から少し離れるが、買いたいものがコンパクトにまとまっている。

▶Map P.125-C1欄外

住 ул.проспект Острякова 13
電 245-2832 URL tc1rechka.
ru 営 9:00〜20:00(日は
10:00〜18:00) 休 日 交 路線バス15番1-я речка 下車、徒歩3分

1 イクラのパック売りや魚の缶詰も　2 食品売り場もモール内なので衛生的

市場じゃないけど行ってみたい

市内にあるハチミツの専門店
プリモールスキー・ミョード
Приморский Мёд

地元の人たちが通うハチミツの専門店。家庭用の1kg以上の商品が多いので、おみやげには適さないが、種類も豊富で試食もできるので試してみたい。

▶Map P.126-B2

住 ул.Семёновская 22 電 226-4671
営 10:00〜18:00
休 なし 交 中央広場から徒歩3分

1 プロポリス入り250gで120₽
2 菩提樹のハチミツは500gで170₽　3 ロシアのハチミツは濃厚
4 小さな店で観光客は少ない

Vladivostok 65

SHOPPING 02

ロシアのお菓子は見た目ではよくわからないものも多いが、軽い気持ちで手に取ってみよう。

伝統菓子&スイーツ
ロシアのおいしさいただこう

クリームチーズをチョコでコーティングしたお菓子シローク。バニラやキャラメル味も

ロシアの伝統焼き菓子のプリャーニク

ロシアの人気チョコ「森のクマさん」と「アリョンカ」

ロシアのハチミツは滋養があり風邪にも効く

リーズナブルなおみやげの宝庫
スーパーマーケットへGO!

食料品から日用雑貨まで、何でも揃うスーパーマーケット。価格は表示されているし、籠に入れてレジで精算するだけなので言葉も不要。配り物用の小さなお菓子など、おみやげにピッタリ。

ライ麦やキビの入ったパンと小麦のパン

包み紙のチョコの味はナッツやフルーツなどいろいろ

ロシアではキュウリ味のスプライトを見かけることも

スナック菓子
部屋飲みにバッチリ

同じくカニ味のチップス

パッケージがかわいいイカ味のチップス

スメタナとハーブ味、ヤマドリタケ味など日本にはない味もいろいろ

ドリンク
旅先なら意外にいける？

裸麦と麦芽で作るクワスはロシアの国民清涼飲料

何でも揃う総合スーパー
ギペルマルケット・ヴラゼル (VLマート)
Гипермаркет В-лазер

▶Map P.125-C1

規模も大きく、品揃えも豊富な総合スーパー。配り物に向くちょっとしたお菓子などからハチミツ、ウォッカなど一度に買えて便利。買い忘れたおみやげの買い足しにも駆け込める。

ул.Океанский проспект 52 а 〜翌1:00 休なし Card M.V 路線バス15、59番ダルプレッス下車、徒歩1分 221-8026 URL v-lazer.com 7:00

便利な24時間スーパー
フレッシュ25
Фреш25

▶Map P.126-B

クローバーハウスの地下1階にある24時間スーパー。みやげ用のチョコレートや酒類など何でも揃う。パンコーナーのピロシキは好評。屋上はフードコートになっている。

ул.Семёновская 15 234-3434 URL fresh25.ru 24時間 休し Card M.V 噴水通りから徒歩3分

SHOPPING 02

スーパーマーケットへGO！

おみやげのまとめ買いに便利
スーパー活用術

スーパーは市内各地に点在していて24時間店も多く、品揃えは豊富。旅行中に必要が生じるティッシュや電池などの日用品はほぼ揃う。パンや総菜などの加工品、ドリンクを買って、天気のいい日はテイクアウトして外で食べることもできる。チョコレートやハチミツなどの食品はだいたい揃うので、家族や友人などの気取らないみやげをまとめ買いするのに便利。買い方は、欧米と同じで、レジのベルトコンベヤーに籠の中のものを並べたら、購入金額はレジスターの表示を電卓で見せてくれることが多い。

乳製品大国のロシアらしく飲むヨーグルトがおいしく、種類も多い

56P ラズベリーの甘い香りの紅茶

カモミール茶やイチゴ味の紅茶も

109P　109P

ティーパック
バラエティ豊富なフレーバーティーが楽しめる

200P

246P
ハチミツ
花によって甘みも香りもいろいろ

タイガの森に咲く花から取れた沿海地方産のハチミツ

95P

ニンニクやセロリ、パセリの入ったボルシチ用スパイス

缶詰
手軽なおみやげにピッタリ

94P

97P

燻製サーモンのオイル漬け

ニシンのオイル漬けの缶詰

191P

魚の缶詰にもトマトソース風味など、日本にない味がある

26P

インスタント食品＆調味料
帰国してからのお楽しみ

41P
ロシアのカップラーメン。牛肉味とチキン味以外にも5種類の風味あり

クノールのスープの素。ボルシチやキノコスープ、ジョージア料理のハルチョーなどいろいろ

小さな駅前スーパー
スペルマルケット
Супермаркет

ウラジオストク駅前という抜群の立地。鉄道に乗る前のおやつや軽食を調達するにも便利。シベリア横断鉄道の到着に合わせ、朝6:00から営業しているものありがたい。

▶Map P.126-B3

🏠ул.Верхнепортовая 2 г　📞221-5086　🕐6:00～23:00　休なし
Card M.V　🚶ウラジオストク駅から徒歩1分

コンビニ風24時間ショップ
24
Четыре

一見日本のコンビニ風の外観のデザインが目を引く小型スーパー。食品以外にも電池やシャンプーなどの日用雑貨など、ひととおりのものは手に入るので重宝する。

▶Map P.126-A3

🏠ул.Морская 1-я, 8　📞241-3668　🕐24時間　休なし　Card M.V
🚶ウラジオストク駅から徒歩3分

Vladivostok 67

SHOPPING 03

「違いのわかる人」に届けたい
ロシアならではの
おいしいモノをセレクト

地元のチョコメーカーの直販店に並ぶガナッシュ

森と海に囲まれた食材の宝庫ウラジオストク。自分みやげに、食通の家族や友人へちょっとうんちくを語れる食材を厳選。この町ならではのおいしさを日本へ連れて帰ろう。

ロシア人はシャンパンも大好き。手頃な値段で売られているので試してみよう。

ウオッカ

ご存じロシアを代表するアルコール飲料。40度以上が一般的で、全国で5000種にもなるという。冷凍庫でキンキンに冷やして飲もう。

「白樺」の名を冠するウオッカ。柔らかい口当たり。ロシアの美しい雪景色を思わせる

マトリョーシカのウオッカ。スタンダード、クランベリー、ハチミツの3種の風味あり

有名ブランドの「バルチカ（バルト海）」。0〜9番まであり、数が多いほど度数が高い

アムールタイガーデザインをあしらった地ビール。ライ麦のエールでクワスのような香り

フレッシュな味わいの「ザラタヤ・ボーチカ（黄金の樽）」

すっきりしたチェコビールの「コゼル（山羊）」。ピルスナー

「コゼル」の黒ビール

シベリアのハスキー犬の名をしたウオッカ。ボトルに烙印された足跡マークが目印

サンクトペテルブルクで作られた人気のウオッカ「ルースキー・スタンダルト」

ビール

ロシアでも若い世代を中心にビールを飲む人が増えている。地ビールも多く、同じ製品でもアルコール度数が異なるのでチェックしよう。

人気のジョージアワイン

黒海に面したジョージア（旧グルジア）のワインは、世界最古として知られ、ロシアで広く普及している。なかでもセミスイートが人気で、スパイシーなジョージア料理によく合う。

ワイルドベリーにかすかなスパイスの香りを備えたサペラヴィ　275P

品揃えは抜群のリカーショップ
ディラン　Дилан

▶Map P.124-A3

品揃えの充実度ではウラジオストク市で最高レベルの酒屋。ウオッカや沿海地方ならではの薬草酒やロシア産ワインも揃う。チョコレートなどお酒に合うおみやげも扱う。

住 ул.Бестужева 23　TEL 224-7405
URL dilan.ru　営 9:00〜22:00
休 なし　Card M.V　交 ウラジオストク駅から徒歩8分

68　Vladivostok

同社の定番シリーズ。塩味、昆布味などウラジオストクにしかない味も 57P

チョコレート

地元チョコメーカー「プリモールスキーカンヂーチェル」の創業は1906年。濃厚な甘さが特徴だが、沿海地方周辺で最も有名。

1 ばら売りしている包み紙タイプのチョコもいろいろ買えるが、すべての製品がここで買える 2 スーパーでも

ニューオープンの老舗チョコ直販店
プリモールスキーカンヂーチェル
ПРИМОРСКИЙ КОНДИТЕР

ウラジオストクのチョコレートメーカーの直販店。2017年11月に噴水通りに出店した新店舗には板チョコから豪華な箱入りまで揃っている。

🏠ул.Алеутская 25 ☎240-6740 URL primkon.ru 🕐8:00～23:00 休なし Card M.V 交噴水通りから徒歩1分

▶Map P.126-B2

海鮮みやげ

帰国して自然解凍していただこう

ボイル冷凍のタラバガニやエビ、ホタテ、イクラ、サーモンの燻製などの高級海鮮食材はおみやげとして喜ばれることうけあい。

ボイル冷凍の大型タラバガニ　1kgで1100P

2時間30分のフライトなので、パッケージしてもらえば安心

フライト直前に買える
ルィーブニー・オーストラバク
РЫБНЫЙ ОСТРОВОК

海産物を中心としたロシア国内の厳選食材を販売する高級食材店の空港店。質のよい魚介類を揃えている。冷凍のエビやカニなどの品揃えも豊富。日本へ持ち帰るのに便利なように、保冷包装にしてくれるのでおみやげに便利。

▶Map P.123-D1

🏠ул.Владимира Сайбеля 45 ☎268-5999 🕐6:00～22:00 休なし Card M.V 交ウラジオストク国際空港内

1 高価なキャビアの缶詰も並ぶ 2 塩漬けにしたスモークサーモンは酒のつまみにピッタリ 3 タラバガニの足のボイル冷凍も

SHOPPING 03

ロシアならではのおいしいモノをセレクト

Vladivostok 69

SHOPPING 04

ロシア刺繍

動植物をほのぼのと表現したロシア刺繍のステッチはフォークロア感たっぷり。ナプキンやテーブルクロスなど種類も豊富。

ロシアの防寒帽は「ウシャーンカ」という耳当て付きの毛皮製。女性用もある。おみやげにどうぞ。

鳥と花をモチーフにしたリネンのテーブルクロス
1650P

1650P

ロシアの伝統工芸ホフロマの色柄をプリントしたエプロンや鍋敷き、鍋つかみなどのキッチンセット

1000P

亜麻色の生地にブルーの刺繍が施されたエプロン

2740P
あでやかな赤のプラトーク（110×110cm）

1220P
ウール100％のあたか清楚な白のプラトーク（89×89cm）

プラトーク

ロシア人女性が被る花柄のショールはプラトークと呼ばれ、教会に行くときの必需品。マトリョーシカもたいてい被っている。

1230P
色鮮やかなコットンスカーフ（107×107cm）

ロシアらしい旅の思い出づくり
ぬくもりレトロ雑貨を見つけよう

プレゼント用でも、自分用でも、おみやげを買うなら、ロシアならではのレトロな魅力にあふれるものを選びたい。軽くてかさばらないものなら、手づくりのぬくもりが感じられる手芸品や小物がおすすめ。

足冷えにはキュートな柄のルームシューズがあるとうれしい

3300P

2800P

2500P

700P
厚手のニットソックスも家用に欲しい

650P
ロシア製のニットの手袋なら日本の寒さなんてへっちゃら

手芸品

手芸の盛んなロシアでは伝統柄をモチーフにしたボタンや飾り物がいろいろ揃う（→P.33「フォルムラ・ルカデェリヤ」）。

2800P

150-350P
さまざまなタイプのマトリョーシカが描かれた飾り物

150P
同じくホフロマ塗りのサモワールをモチーフにした飾り物

350P
ホフロマ塗りのような花柄ブローチ風の飾り物

70　Vladivostok

マトリョーシカ

ロシアみやげの代名詞であるマトリョーシカは産地や工房によってデザインが異なっている。スタンダードな個数は5個型。変り種もいろいろ。

シベリア風のレース調フリルがかわいいマトリョーシカ
5000P（9体）

ネコ好きロシア人らしくほんわかするマトリョーシカ
6500P（7体）

450P
ロシアの伝統髪飾りココシニクを被ったマトリョーシカ風人形

チェブラーシカ

4500P
白地に青で描かれたクジュリ陶器でできたチェブラーシカ

黄緑色のスモールサイズ変色バージョン
490P

ロシアの人形アニメ『ワニのゲーナ』に登場するキャラクターが日本でもアニメ化され人気に。小熊とサルの中間のような小動物という設定だそう。

1900P
定番ビッグサイズのチェブラーシカ

絵本

60P / 300P / 240P

ロシアの絵本は古い民話や伝説がもとになった話が多く、さまざまな動物が登場する。何より絵が芸術的で見ていて飽きない。

ロシアの詩人セルゲイ・ポゲレロフスキーの絵本など

ロシアの有名な童話『おおきなかぶ』。絵が特徴的

サンテグジュペリの『星の王子さま』のロシア語版

SHOPPING 04

ぬくもりレトロ雑貨を見つけよう

色とりどりのスカーフ専門店
パヴロヴァパサッツカヤ・プラトーチナヤ・マヌファクトゥーラ
Павловопосадская платочная мануфактура

美しく華やかな花柄のプラトークをはじめ、ロシアの伝統的なスカーフやハンカチーフなどの布製品を扱う。創業200年近いモスクワの老舗工場の直営店。

▶ Map P.127-C2
住 ул. Океанский проспект, 16, 2этаж, 210
電 240-2068 URL platki.ru 開 10:00～19:00
休 なし Card M.V 交 中央広場から徒歩3分

ロシアらしい手芸品の店
ルスカヤゴールニッツァ
Русская Горница

ロシアのニット小物やフェルトのルームシューズ、テーブルクロスなどの刺繍製品などが揃う。マトリョーシカやチェブラーシカなどの定番ロシアみやげも揃う。

▶ Map P.127-C2
住 ул. Океанский проспект 11 電 967-958-0335
開 10:00～20:00 休 なし Card M.V 交 中央広場から徒歩2分

何でも揃うブックショップ
ブラッド・クニギ
ВЛАД КНИГИ

噴水通りの入口のショッピングセンター1階の奥にある本屋。ウラジオストクの地図や絵はがき、絵本、文具、玩具なども揃う。

▶ Map P.126-B2
住 ул. Алеутская 27 電 ネット2178 開 10:00～20:00 休 なし Card 不明 交 噴水通りから徒歩1分

Vladivostok

SHOPPING 05

シブいみやげを発掘する

港町ならではのこだわり

日本海に開かれた港町で軍港でもあるウラジオストク。
沿海地方の歴史を物語る商品やミリタリーグッズ、
切手やアンティークなどが揃うショップをご案内。

スヴェトランスカヤ通り48に「ヴァエントルグ」というもう一軒のミリタリ

ユニーク雑貨が集まる店
ルナイグロシ
Луна и грош

地元作家の手づくりアクセサリーやレトロなピンバッジ、ウラジオストクに関する本や古写真、絵はがきなどを扱っている。ソ連時代のチェブラーシカなど、ここでしか手に入らない一点物が見つかることも。

▶ Map P.126-B2

住 ул.Алеутская 26
TEL 254-2577 開 10:00～19:00 休 なし Card M.V
交 噴水通りから徒歩2分

ミリタリーグッズが買える
フロツキー・ウニベルマーク
Флотский Универмаг

軍服や制服、コート、水兵の帽子、バッグ、徽章、日用品など、ロシア軍のあらゆるミリタリーグッズが購入できる店。実際、お客の多くは地元の水兵や海軍学校の生徒たち。みやげ用のアーミー柄のイラスト入りTシャツも売っている。

▶ Map P.126-B2

住 ул.Светланская 13
TEL 2413003 URL vl.ru/flotskij-vl
開 10:00～19:00（土・日）～18:00）
休 月・火 Card 不可 交 アルセーニエフ博物館の隣

1 レーニンのピンバッチ100P の飛行機のピンバッチ100P 2 ソ連製リーザと呼ばれる猫が迎えてくれる 3 店の裏には居心地のいいフリースペースあり

1 人気は縞模様のマリンシャツ。紺は水兵、黒は海兵隊用 2 ロシア軍のコート3700P 3 軍人のマネキンがお出迎え 4 ロシア軍Армия Россииの公認ショップ

郵便局より種類が多い切手専門店
マルカ
MAPKA

ロシア全土の切手やはがきを製造している印刷会社の直販所。郵便局より品揃えが多く、また混んでいないのでゆっくり切手選びができる。価格は郵便局と同じ。店員は英語で対応してくれる。

▶ Map P.126-B3

住 ул.Нижнепортовая 1
TEL 230-2750 URL rusmarka.ru
開 火～土 10:00～19:00（日～）16:00）
休 月 Card M.V 交 客船ターミナル「海の駅」2階

1 1961年世界初の有人飛行をしたガガーリンの記念コイン 2 1980年のモスクワオリンピックの記念切手 3 切手マニアでなくても楽しめる

博物館のような アンティーク店
ラリテット
Raritet

ウラジオストクの歴史が詰まったアンティークショップ。絵画や100年前のこの町を写した古写真や写真集、当時使われたコイン、銀器、陶器など、状態のよい商品が多く集まる。展示も美しく、スタッフの対応も親切。

▶ Map P.126-B3

住 ул.Посьетская 28
TEL 241-2121 URL raritetdvr.ru
開 火～土 11:00～19:00（日～）17:00）
休 月 Card M.V 交 客船ターミナル「海の駅」2階

1 ソ連の歴代リーダーの写真や像なども多数 2 入口のチャイムを押してドアを開けてもらう

72　Vladivostok

Николаевские триумфальные ворота

VLADIVOSTOK
AREA GUIDE

Vladivostok Railway Station, Svetlanskaya Street,
Admiral Fokine Street, Zolotoy Bridge,
Russky Island, Suburbs and Airport

ウラジオストク エリアガイド

ウラジオストクは坂道の多い港町。
ヨーロッパの町並みが続き、どこからでも海が近いのが魅力。
市内の4つのエリアと郊外に分けて見どころを紹介しよう。

AREA GUIDE 01

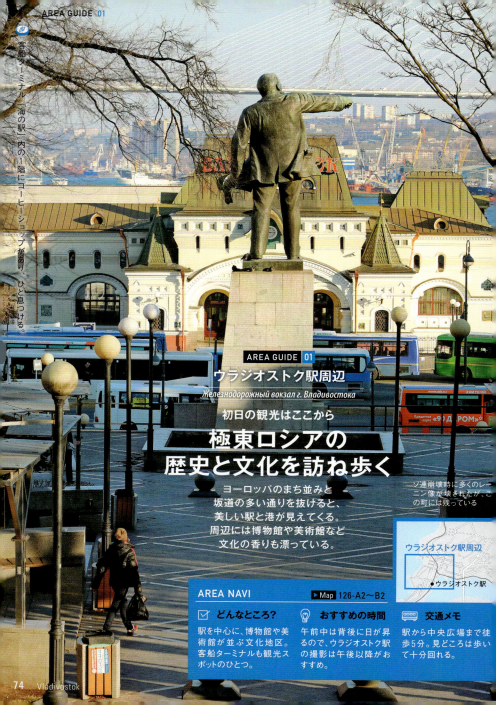

客船ターミナル「海の駅」内の1階にコーヒーショップがあり、ひと息つける。

AREA GUIDE 01
ウラジオストク駅周辺
Железнодорожный вокзал г. Владивостока

初日の観光はここから

極東ロシアの歴史と文化を訪ね歩く

ヨーロッパのまち並みと坂道の多い通りを抜けると、美しい駅と港が見えてくる。周辺には博物館や美術館など文化の香りも漂っている。

ソ連崩壊時に多くのレーニン像が壊されたが、この町には残っている

ウラジオストク駅周辺
●ウラジオストク駅

AREA NAVI
▶Map 126-A2〜B2

☑ **どんなところ?**
駅を中心に、博物館や美術館が並ぶ文化地区。客船ターミナルも観光スポットのひとつ。

💡 **おすすめの時間**
午前中は背後に日が昇るので、ウラジオストク駅の撮影は午後以降がおすすめ。

🚌 **交通メモ**
駅から中央広場まで徒歩5分。見どころは歩いて十分回れる。

74 Vladivostok

AREA GUIDE 01 ウラジオストク駅周辺

\Check!!/ オケアン映画館
9月中旬、オケアン映画館で国際映画祭アジア太平洋地域(→P.107)が開催される。

トラの像 \Check!!/
この町のシンボルとなる動物はウスリータイガー。市内のあちこちにトラの像がある。

\Check!!/ 中央広場のみやげ店
中央広場の南端にあるブラッド・ギフツ(Vlad Gifts)は定番みやげをまとめ買いするのに便利。

\Check!!/ 遊覧船乗り場
中央広場の南に金角湾を1周する遊覧船乗り場(→P.114)がある

1 市場は4月から11月まで　2 ロシア革命で活躍したウラジオストクの戦士の銅像

1　港と橋のパノラマが一望
客船ターミナル「海の駅」
📷 Морской Вокзал

▶ Map P.126-B3

ウラジオストク駅の裏手に客船ターミナルがある。みやげ店やカフェ、レストランもあり、のんびり行き交う船や港の風景を眺めながらひと休みできる。韓国や鳥取県境港への国際航路も出ている。

住 ул.Нижнепортовая 1　TEL 249-7358
URL vlterminal.ru
開 7:00～21:00
交 ウラジオストク駅から徒歩1分

1 ビルの上のロシア語は「海の駅」　2 1階に境港行きのDBSフェリーのオフィスがある　3 金角港と斜張橋のコントラストが美しい

2　週末は市場になる
中央広場
📷 Площадь Борцов за власть Советов

スヴェトランスカヤ通りに面した広場で、正式名は「革命戦士広場」。南側は港で、北側には古い建築が並ぶ。週末には朝から市場になり、地元の食材が並ぶ。

▶ Map P.124-B2

住 Площадь Борцов за власть Советов
交 バス31番のЦентр下車

3　子供も楽しめるカフェレストラン
ホフロマ
🍴 Хохлома

プリモーリエホテルに併設されたロシア料理がメインのカフェレストラン。アットホームな店内にはキッズルームがあり、子供連れでも安心して食事ができる。

▶ Map P.124-A3

住 ул.Посьетская 20　TEL 272-7151
URL instagram.com/cafehohloma
開 10:00～24:00(金～26:00、土・日11:00～24:00)
休 なし　Card M.V
交 ウラジオストク駅から徒歩5分

1 ロシア風のファミリーレストラン　2 夜遅くまで開いている　3 人気のパスタ350P

75

AREA GUIDE 01

4 沿海地方の歴史がわかる
アルセーニエフ記念国立沿海地方博物館
Приморский музей имени Арсеньева

ロシア極東の探検家として知られるウラジーミル・アルセーニエフ（1872〜1930）の名を冠した博物館。石器時代から渤海、金王朝、ロマノフ朝ロシア時代までの考古学展示が収められている。多くの民族が往来した沿海地方の歴史を学べる。

▶Map P.124-B2
住 ул.Светланская 20　電 241-1173
URL arseniev.org　開 10:00〜19:00
休 なし　料 400P　交 ウラジオストク駅から徒歩5分

> 探検家のアルセーニエフが晩年を過ごした家が博物館（アルセーニエフの家記念館）になっている。

1 19世紀半ば以降のロシア関係の展示室　2 ロシア革命100年を記念したレーニン展も開催された　3 沿海地方で発掘された渤海や金王朝の仏教遺跡だった時期もある　4 建物は横浜正金銀行（→P.96）　5 沿海地方の先住民族ウデゲの木彫り

5 正装して演奏会へ
フィラルモニアコンサートホール
Приморская краевая филармония

中央広場に面したコンサートホールで、平日もクラシックやポピュラー音楽など、さまざまなアーティストの演奏を聴くことができる。毎年11月にジャズフェスティバル（→P.107）が開かれる。

▶Map 126-B2
住 ул.Светланская 15
電 226-4022　URL primfil.ru
開 10:00〜20:00（切符売り場休憩14:00〜15:00）　休 なし
交 中央広場から徒歩5分

1 パステルカラーの外観が目印　2 ジャズフェスティバルでは海外からも多くのミュージシャンが出演　3 演奏の合間にホール内のカフェで過ごす　4 こぢんまりとしているが、歴史を感じさせる

6 ロシア近代美術が観られる
国立沿海地方美術館
Приморская государственная картинная

おもに18〜19世紀のロシア絵画を扱う美術館。シャガールやカンディンスキーなどモスクワの美術館から移管された作品の一部も展示される。

▶Map P.126-B2
住 ул.Алеутская 12　TEL 241-0610
URL primgallery.com
開 10:00〜18:00　休 月　料 350P
交 ウラジオストク駅から徒歩3分

・常設コレクション250点のうち、カンディンスキーの『即興』に注目
・日本との美術交流も行われている

7 ランチも楽しめる
ショコラドニッツァ
Шоколадница

ロシア全土に展開するカフェチェーン。スイーツやドリンクだけでなく、ランチやディナーなどしっかりと食事もできる。散策の合間のお茶に便利。

▶Map P.126-B2
住 ул.Светланская 13　TEL 241-1877
URL shoko.ru/vladivostok
開 9:00〜24:00　休 なし　Card M.V
交 中央広場から徒歩2分

1 カプチーノ239Pとケーキ250P　2 アレウーツカヤ通りに面している

8 フラワーショップの並ぶ小道
花屋通り
Пассаж цветы　▶Map P.126-B2

スヴェトランスカヤ通りに面した建物の中にフラワーショップだけが並ぶ50mの小道がある。散策の合間に訪ねてみたい。アドミラール・フォーキナー通りに抜けられる。

1 ロシア語で花はцветы　2 ロシアでは1年に3回男性から女性に花をプレゼントしなければならないそう

住 ул.Светланская 21　開 9:00〜22:00　休 なし　Card 不可　交 中央広場から徒歩5分

9 立地抜群の老舗ロシア料理
ポルトフランコ
Порто Франко

1 店はフィルハーモニアコンサートホールの隣の地下1階にある
2 ほんのり甘い口当たりのボルシチ350P

中央広場の向かいにあり、1919年の開店当時から長きにわたり市民に愛されているロシア料理レストラン。金曜21:00からジャズの生演奏が聴ける。

▶Map P.126-B2
住 ул.Светланская 13　TEL 241-4268
URL portofrankovl.ru
開 11:00〜24:00
休 なし　Card J.M.V
交 中央広場から徒歩5分

10 中央アジア料理の人気チェーン
フローパク
Хлопок

市内に3店舗を展開するウズベキスタン料理をメインとした中央アジア料理店。子牛や羊のケバブ、中央アジア風肉まんなど、味には定評がある。写真付きのメニューあり。

▶Map P.126-B2
住 ул.Алеутская 17а
TEL 241-6969
URL cafehlopok.ru
開 12:00〜24:00
（金・土 12:00〜翌3:00）
休 なし　Card M.V
交 ウラジオストク駅から徒歩3分

1 インテリアやスタッフの服装がエキゾチック　2 入口が裏通りにあり、やや見つけにくい　3 ウズベキスタン人シェフが調理する

11 モダンなロシア料理レストラン
ストゥディオ
Studio　▶Map P.126-B2

ロシア料理だけでなく、ハンバーガーやピザからアジア風麺類まで食べられるレストランで、いつもにぎわっている。日本語のメニューもあるので、利用しやすい。

住 ул.Светланская 18а　TEL 255-2222
URL cafe-studio.ru　開 1階24時間、2階 12:00〜24:00　休 なし　Card M.V
交 アルセーニフ博物館の隣

1 オリジナルのボルシチ340P。器がパンで食べられる　2 路地裏にあるのでこの看板から入る

AREA GUIDE 01　ウラジオストク駅周辺

Vladivostok 77

AREA GUIDE 02

グム百貨店周辺
Большой гум

老舗百貨店は町の顔
ヨーロッパの港町の気分にひたろう

港に面して東西に延びるスヴェトランスカヤ通りには、100年の歴史を誇るグム百貨店がある。周辺にはカフェやバーが多く、1本南のカラベーリナヤ海岸通りには観光スポットが集中している。

極東芸術アカデミーはウラジオストクの芸術文化の発信地。日本人留学生もいる。

スヴェトランスカヤ通りはウラジオストクのメインストリー

グム百貨店周辺 / ●ウラジオストク駅

AREA NAVI

どんなところ？
グム百貨店を中心に、観光スポットやカフェが集まるアミューズメント地区。買い物も楽しめる。

散策のヒント
潜水艦C-56博物館やウラジオストク市博物館、人形劇場、アンドレイ教会はすぐそばにあるので一度で回れる。

交通メモ
グム百貨店を中心にどこでも徒歩10分圏内。

▶Map P.123-A2〜B2

1 大人も子供も楽しめる
人形劇場
Приморский краевой театр кукол

ロシアの人形劇はクオリティが高く、専門の人形劇場があるほど。公演の日には小さな子供連れの家族が劇場を訪れるが、観光客だって十分楽しめる。ぜひ観に行きたい。

▶Map P.127-D3
住 ул.Петра Великого 8
電 222-1344
URL primpuppet.ru
開 12:00〜（基本的に土・日が定期公演だが、平日に行う場合も）
料 250P
交 グム百貨店から徒歩5分

1 劇場内のステージにぽっかり上がる幻想的な人形たち 2 人物大の人形の展示 3 ロシアの子供の国にようこそ 4 ニコライ2世凱旋門の隣にある

AREA GUIDE 02 — グム百貨店周辺

「海の男」銅像 \Check!!/
この銅像の親指に触れると幸せが訪れるという。オケアン通りがスヴェトランスカヤ通りに交わる角にある。

エルミタージュ美術館別館 \Check!!/
新しいウラジオストクの観光名所はグム百貨店の向かいにオープン予定。

極東芸術アカデミー
芸術家の卵たちが通うキャンパス。

ゴーリキー劇場前広場 \Check!!/
ゴーリキー劇場や極東芸術アカデミーの前の公園は雰囲気がいい。セルゲイ・ラジというロシア革命時に活躍した革命戦士の像がある。

クラースヌィ・ヴィムペル軍艦 \Check!!/
潜水艦C-56博物館のそばの港に係留されている軍艦に上船できる(開10:00〜19:00 休月・火 料50P)。

ワタクシ、博物館のスタッフに大切にされてます

2 ニコライ2世凱旋門
日本とロシアの歴史を物語る記念碑
Николаевские триумфальные ворота

帝政ロシアのニコライ2世が1891年に皇太子時代に日本を訪れ、帰路にウラジオストクに立ち寄った記念として建てられた。現在の門はロシア革命時に壊され、2003年に再建された。

▶Map P.127-D3
住 ул. Петра Великого 2
交 グム百貨店から徒歩5分

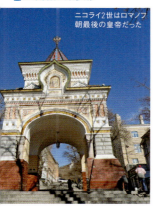

ニコライ2世はロマノフ朝最後の皇帝だった

3 ウラジオストク市博物館
150年の町の歴史を解説する
Музей города

ウラジオストクの歴史をそこに暮らす市民の立場から紹介する歴史博物館。ロシア人がこの地に入植した150年間に起きたさまざまな出来事を伝えようとしている。

▶Map P.127-D3
住 ул. Петра Великого 6 TEL 222-5077 URL arseniev.org
開 10:00〜19:00 休 なし 料 200P
交 グム百貨店から徒歩5分

1 博物館で飼われているネコ 2 ニコライ2世凱旋門の隣にある 3 ロシア人の暮らしの歴史を展示 4 ウラジオストクの過去の歴史を写真と音声で再生

Vladivostok

AREA GUIDE 02

4 潜水艦の内部を見学できる
潜水艦C-56博物館
Подводная лодка С-56

ソ連海軍が1930年代から40年代にかけて建造した潜水艦C-56の内部を見学できる博物館。潜望鏡や発射管に実装された魚雷の展示などがある。博物館の前のカラベーリナヤ海岸通りは、ロシア人がこの地に入植した最初の場所でもある。

▶Map P.127-D3
住 ул.Корабельная Набережная 9　TEL 221-6757
URL museumtof.ru　開 9:00～20:00　休 なし
料 100P　交 グム百貨店から徒歩4分

カラベーリナヤ海岸通りにロシア船が初めて訪れた頃、周辺にトラが歩いていたという。

1 潜水艦の長さは77.75m、幅6.4m　2 狭い艦内に乗組員のベッドが並ぶ　3 艦内の最初の展示は海軍の歴史　4 丸いハッチを開けると、乗組員の部屋がある

5 ロシア現代アートに触れる
アートエタッシュ
Артэтаж

▶Map P.127-C2
住 ул.Океанский проспект 9
TEL 222-0659　URL facebook.com/Artetagemuseum　開 10:00～19:00
休 月・火　料 無料　交 グム百貨店から徒歩3分

ロシア現代アートの企画展を行うギャラリー。市民の視点から社会を考察する写真展など、今ロシアで何が起きているか、考えさせる作品が多い。ビルの2階にある。

1 建物は旧朝鮮銀行という日本人ゆかりの場所　2 ロシア人の日常生活に密着した作品群

6 食材がいっぱいのみやげ店
フラグマン
Флагман

グム百貨店裏の1階にあるみやげ店で、海産物の加工品やハチミツ、チョコレート、ウオッカなど、食品類の品揃えが豊富。散策の合間にまとめ買いをするのに便利。

▶Map P.127-C2
住 ул.Светланская 33
開 9:00～19:00
休 なし　Card M.V
交 グム百貨店の裏

1・2 ロシア製カニ&エビチップス49P　3 大袋入りのチョコレートが揃い、配り物にピッタリ

7 アジア料理も味わえる
マーリーグム・フードコート
Малый гум

グム百貨店の東にあるショッピングモール「マーリーグム」の5、6階にあるフードコート。窓の外は港の眺めがいい。5階はセルフサービスのカフェテリア。

▶Map P.127-D2
住 ул.Светланская 45　TEL 222-2054
URL vladgum.ru/mgum
開 10:00～21:00　休 なし　Card M.V
交 グム百貨店から徒歩3分

1 韓国やベトナムなどアジア料理のフードコート　2 コーヒーやスイーツも楽しめる

8 ポップなコーヒー専門店
プロコーヒー
ProКофий

ウラジオストクの新しいコーヒー文化を担うカフェのひとつ。店内には常連やイベントの写真が貼られ、アットホームな雰囲気。地元産のシロップ入りコーヒーなども飲める。

▶Map P.127-C2
住 ул.Адмирала Фокина 22　TEL 737-0203
URL facebook.com/procoffeey
開 9:00～22:00　休 月　Card M.V
交 グム百貨店から徒歩3分

1 タイガの森のオリジナルコーヒー158P　2 店先の手書きの黒板が目印　3 フェミニンな内観

80　Vladivostok

COLUMN 01

Column

街角グラフィティのあふれる町
パヴェルさんと歩く路地裏アート

ウラジオストクの街角にはストリートアートがあふれている。
仕かけ人は地元出身のアーティストのパヴェルさん。
彼の案内でれんが造りの路地裏を歩こう。

ウラジオストクを訪ねた人は誰でも気づくことだが、町中のあちこちに自由気ままなグラフィティがあふれている。作風もいろいろ、描き手もさまざまだが、これだけ町にストリートアートが増えたのは、ひとりの仕かけ人がいたからだ。

ウラジオストク出身のパヴェル・シュグロフさん（1978年生まれ）がその人。地元の極東芸術アカデミーを卒業後、サンクトペテルブルクのアートスクールで学んでいた頃、ソ連時代の古い団地のファサードにパフォーマンスを兼ねたペインティングを始めた。

それまで彼は自分の作品をギャラリーや展示会で発表してきたが、一部の人にしか観に来なかった。それでは意味がない。多くの人たちの文化、芸術のレベルを引き上げるためにも、アートで街角を美しい世界に変えたい。彼はこうして始めた街角ペインティングプロジェクトを「33＋1」（URL 33plus1.ru）と呼び、その後ロシア全土で行うことになる。すでに作品数は200を超えた。

「次はどこに描いてやろうかな」

地元ウラジオストクに拠点を移して活動を始めるきっかけになったのは、2006年に娘さんが生まれたこと。「壁絵にはテーマや目的があるけれど、自分の生まれた町の歴史や文化を多くの人に思い起こしてほしいと思ったから」と語る。

実際、彼が描いているのは、約150年前にロシア人がこの地に訪れてから起こったさまざまな町の歴史や人々の記憶とつながる人物像が多い。例えば、20世紀前半、町の片隅に多く住んでいた中国人労働者や伝説の外国人スパイ、ウラジオストクを舞台にした映画の象徴的なシーンなどだ。それぞれの人物はこの町の歴史をよく知る人にしかわからないものも多いが、確かにそこに実在した人たちである。

彼のプロジェクトは市政府にも認められ、今では地元コミュニティや企業との連携で行われており、彼に続く若いアーティストや海外からのストリートアーティストも現れるようになっている。

「次はどこに描いてやろうかな」。パヴェルさんは、いつもそう思いながら町を歩いているという。誰もが見向きもしない殺風景な倉庫の扉や再開発でむき出しにされたビルのファサードを見ると、壁絵で埋めたくなるそうだ。ぜひ散策の合間に彼の作品を見つけてほしい。

1 噴水通りの帽子の壁絵を背後にVサインするパヴェルさん。このVには「Vladivostok」と金角湾大橋を正面から見たときのシルエットのふたつの意味がある　2 地元の子供たちと一緒に描いた作品の前で　3 町の風紀が乱れた20世紀初頭を風刺　4 ロシアの作家をイメージした作品　5 シベリア出兵時の日本兵

AREA GUIDE 02

グム百貨店周辺

ウラジオストク壁絵MAP

市の住所プレートのデザインもパヴェルさんが担当した。

路地裏にあふれるウラジオストクの壁絵の数々。パヴェルさんの作品以外も含まれています。　地図制作：宮本智

Vladivostok 81

AREA GUIDE 03
噴水通り周辺
Улица Адмирала Фокина

観光、ショッピングのあとは
海辺のおしゃれ通りを
のんびり散策

ヨーロッパの町並みと海辺の光景を
同時に楽しめるのが、通称「噴水通り」周辺。
ビーチに面した海辺通りでは
地元の人と一緒に夏を楽しもう。

正式名は「アドミラーラフォーキナー通り」。ベンチや花壇が並ぶ

AREA NAVI

どんなところ?
市民の憩いの場で歩行者天国。夏はビーチがにぎわう。通りには有名なロシアレストランもある。

おすすめの時間
噴水通りから海に向かう眺めは、日を背にした午前中が美しい。夜はバーがおすすめ。

散策のヒント
噴水通りの脇の路地裏に雑貨店やカフェがある。訪ねてみよう。

▶ Map P.126-A1～B1

1 ビルの壁に描かれた帽子のアートはパヴェルさん(→P.81)の作品　2 噴水通りと交差するパグラニーチナヤ通りはバーが並ぶ　3 パステルカラーの町並みが続く　4 路地裏にはおしゃれなゲストハウスも

1 町いちばんのおしゃれ通り
噴水通り
📷 Улица Адмирала Фокина

ビーチに向かってまっすぐに延びる噴水通りは、この町でいちばんおしゃれな場所だ。噴水近くのベンチでくつろぐ地元の人たちの憩いの場となる。夏になると、ストリートミュージシャンも現れ、観光客の姿も増える。

▶ Map P.126-B2

🏠 ул.Адмирала Фокина　🚇 中央広場から徒歩5分

AREA GUIDE 03

噴水通り周辺

Check!!
海辺でBBQ「ZEYTUN」
隣接した海産物店で買ったエビやカニを調理してくれる海辺のレストラン。

Check!!
レンタサイクル
店の名はサムセベ・ヴェラシペードCam Ceбe Велосипед。1時間150P、1日500P。営業は4月～9月末。
URL samsebevelo.ru

ワタシはロボット牛です

Check!!
雑貨屋「モーレ（Mope）」
ニューオープンの雑貨屋でスンドゥク（→P.84）の姉妹店。

Check!!
便利で使える「サミット銀行」
市内中心部で唯一日曜日も開いている銀行。年末年始もほぼ通常どおり営業。
住 Адмирала Фокина, 18
開 9:00～20:00

1 敷地内には砲台もある 2 市内中心部で唯一見学できる要塞

2 夏はビーチ天国
海辺通り
Улица набережная

1 遊園地で見つけた乳搾りのアトラクション!? 2 6月になると、一気に夏が来る 3 ビーチは冬になると一面凍る 4 水族館の隣にあるキッズクラブ 5 人気の観覧車

▶Map P.126-A1

住 Спортивная Набережная
交 噴水から徒歩5分

噴水通りを歩いていくと、スポーツ湾が見えてくる。ビーチ沿いは夏になると、肌を焼く水着姿の地元の人たちであふれる。屋台やバーも出店し、夜遅くまでにぎわう。

3 町の歴史を物語る遺産
要塞博物館
Музей Владивостокская крепость

20世紀初頭、ウラジオストクには多くの要塞が築かれていたが、そのうちのひとつを博物館にした歴史施設。館内には要塞の設計図や地図、武器などが展示されている。

▶Map P.126-A1

住 ул.Батарейная 4а TEL 908-994-5888
URL vladfort.ru 開 10:00～18:00(11月～3月10:00～17:00) 休 なし 料 200P
交 噴水から徒歩10分

Vladivostok 83

AREA GUIDE 03

1 1948年沿海地方アルチョム生まれの画家
2 ミリオンカ(→P.85)の中にある

4 極東ロシアの自然を描いた画家
セルゲイ・チェルカソフ・ギャラリー
Галерея Сергея Черкасова

沿海地方の自然と人間の暮らしを美しく幻想的に描いた画家セルゲイ・チェルカソフの絵画を展示したギャラリー。作品の実売だけでなく、カレンダーやポストカードも販売している。

▶Map P.126-B1
住 ул.Семеновская 9в
TEL 908-994-5888
URL vl.ru/galereya-sergeya-cherkasova
開 11:00〜18:00
料 無料
交 噴水から徒歩5分

6 ロシアンテイストの雑貨店
スンドゥク
Сундук

Сундукとはロシア語で衣装を入れるトランクの意味。店内にはバッグ類はもちろん、ステーショナリーや各種小物が並ぶ。隣にはアパレル雑貨店もオープンした。

▶Map P.126-B2
住 ул.Адмирала Фокина 8а
TEL 2224-5441
URL instagram.com/bysunduk
開 11:00〜20:00 休 なし
交 噴水から徒歩1分

1 1960年代のスポーツ湾の写真 2 噴水通り脇の路地裏の中にある

5 古い地図や絵はがきが買える
ニヴェリスコイ
Невельской

地元の出版社が発行するウラジオストクの出版物が豊富に揃う。この地に住んだ日本人の歴史を扱った書籍もある。文具や絵はがきも扱う。店ではネコを飼っていて、会えるかも。

▶Map P.126-B2
住 ул.Адмирала Фокина 10а
TEL 222-0551
URL vl.ru/nevelskoy
開 10:00〜19:00(休憩13:00〜14:00)
休 なし
交 噴水から徒歩5分

7 隠れ家風の文豪カフェ
カフェ・プーシキン
Кафе Пушкин

ロシアの詩人、プーシキンをこよなく愛する店主がオープンしたカフェ。れんがを基調としたシックな内装の店内には、プーシキンの詩集やロシアの文学書も並ぶ。

▶Map P.126-B1
住 ул.Пограничная 12
TEL 908-995-0103
URL vk.com/pushkin_caffe
開 11:00〜23:00
休 月・火 Card M.V
交 噴水から徒歩5分

1 軽食やワインなども楽しめる
2 バグラニーチナヤ通りに面した建物の2階にある

1 独特の美的センス
2 不思議なビジュアルがロシアっぽい 3 ぬいぐるみがいっぱい

8 人気No.1 グルジア料理店
スプラ
Супра

ディナモ・スタジアムのそばにあるジョージア料理店。市内には数多くの中央アジア料理店があるが、人気No.1はここ。いつも客であふれていて、平日も予約が必要だ。

▶Map P.126-A1
住 ул.Адмирала Фокина 16
TEL 227-7722
URL supravl.ru
開 12:00〜24:00
休 なし Card M.V
交 噴水から徒歩5分

1 中央アジア風水餃子のヒンカリ70P
2 スポーツ湾に面した海辺通り沿いにある

9 スタイリッシュな アジア料理店
ズーマ
Zuma

地元で人気の高級アジア料理店。トムヤムクンから小籠包、カリフォルニアロールまで何でも揃う。内装はおしゃれで、ロシア人はたいてい正装して来店する。

▶Map P.126-A1
住 ул.Фонтанная 2
TEL 222-2666
URL zumavl.ru
開 11:00〜翌2:00(金・土・翌4:00)
休 なし Card M.V
交 噴水から徒歩10分

1 海にも近い好ロケーション
2 自慢の一品はカニの天ぷら750P

ウラジオストクの人たちは日光浴が大好き。夏はもちろん、冬でも天気のいい日はスポーツ湾で肌を焼く人々がいる。

AREA GUIDE 03

噴水通り周辺

10 海辺のシーフードレストラン
ピャーティー・オケアン
Пятый океан

1 灯台をモチーフにした外観がかわいい
2 窓の外は海が広がる

▶Map P.124-A1

住 ул.Батарейная 2в
TEL 243-3425
URL 5oceanvl.ru
開 4月～9月12:00～24:00 10月～3月12:00～23:00
休 なし Card M.V.A
交 噴水から徒歩12分

アムール湾のビーチ沿いにあるシーフードレストラン。船内をイメージしたインテリアやボーダーシャツの店員も、海辺らしい気分を盛り上げてくれる。日本語メニューもある。

11 ロシアサッカーが観戦できる
ディナモ・スタジアム
Стадион "Динамо"

1 試合は19:00キックオフ 2 盛り上がる地元サポーターのおじさんたち 3 通りに面した正面ゲイト

▶Map P.126-A1

住 ул.Адмирала Фокина 1 TEL 221-4759 URL dinamo-prim.ru
交 噴水から徒歩5分

ウラジオストクにはロシアプロサッカーリーグ2部に属するルチ・エネルギアというチームがあり、このスタジアムが本拠地だ。必ずしも現地滞在中に試合があるとは限らないが、スタジアム正面玄関にスケジュールが貼り出されているので、確認しよう。

1 アルセーニエフ博物館の展示でも中国人の居住が語られる 2 ミリオンカ地区の現在 3 ストリートアーティストのパヴェルさんの壁絵「中国人」(→P.81)

12 れんが造りの旧市街
ミリオンカ
Миллионка

▶Map P.126-B1

住 ул.Семёновская周辺
URL vladivostok.travel/todo/millionka
交 噴水から徒歩5分

ミリオンカとは市内中心部にある一角で、19世紀末から20世紀初頭にかけて建設されたれんが造りの旧市街を指す。当時この地区には多くの中国人が居住していて、帝政ロシアの法の届かない闇社会が形成されていた。1930年代半ばにソ連政府によって貧民窟は一掃されたが、ウラジオストクの歴史にとってその存在は忘れることのできない記憶として残っている。今日この地を訪れる観光客の目に映るのは、おしゃれな噴水通りの華やかさで、名残を感じさせる場所はないが、当時に近いれんが造りの一角が一部残っている。

Vladivostok 85

AREA GUIDE 04

鷲の巣展望台周辺
Видовая площадка [Орлиное гнездо]

ウラジオストク市内では朝晩の通勤時間など渋滞があり、移動に時間がかかることも。

必ず訪れたい！
高台から美しい港と島なみを眺める

市内中心部より東に位置する高台に金角湾を一望にできる展望台がある。周辺に見どころも点在している。

ケーブルカーで上ると、鷲の巣展望台はすぐそば

AREA NAVI

どんなところ？
観光のメインは鷲の巣展望台。カフェやショップは少ないが、ここからの絶景を見るためだけに訪れる場所。

おすすめの時間
鷲の巣展望台には日没の1時間くらい前に行くと、夕景とナイトビューの両方が見られる。

交通メモ
市内中心部から少し離れているが、徒歩でも十分行ける。路線バス15番か31番を利用すると便利（→P.115）。

▶ Map P.123-B2〜124-C2

1 帝政ロシアの暮らしを伝える
スハーノフの家博物館
Дом чиновника Суханова

帝政ロシア時代にこの地に派遣された文官スハーノフの邸宅を再現した博物館。各部屋には彼の業績や100年前の暮らしを物語るピアノ、食卓などの調度品が展示されている。

▶ Map P.127-D2

住 ул.Суханова 9　電 243-2854　URL arseniev.org　時 10:00〜18:00　休 なし　料 200P　交 鷲の巣展望台から徒歩10分

1 高台の上の木造邸宅　2 書斎にはニコライ2世の肖像画
3 ロシア革命で活躍した息子の部屋

AREA GUIDE 04

鷲の巣展望台周辺

\Check!/ ケーブルカーの頂上駅
ここから鷲の巣展望台に行くには、丘に向かって右の階段を降り、地下道を抜け、道路の陸橋を上がる。徒歩3分。

① 鷲の巣展望台 ▶P.18
★スハーノフの家博物館
ул.Суханова

\Check!/ しょんぼりプーシキン像
ケーブルカーの地上駅の隣のプーシキン劇場の脇にうつむき加減の像がある。

④ ウラジオストク国立サーカス
ケーブルカー乗り場
プーシキン劇場
31番バス停

\Check!/ ハイアットリージェンシーホテル
金角湾大橋のたもとに開業予定の高級ホテル。ロケーションが抜群だ。

ペーカルナヤミッシェラ ▶P.61
ウスペーニア教会 ▶P.27
ул.Светланская

③ 太平洋艦隊博物館
31番バス停

ул.Корабельная Набережная

\Check!/ グレースカフェ
プーシキン劇場に近い閑静な通りに小さなカフェがある。散策の合間に立ち寄るのにぴったり
(住 ул.Пушкинская 8)

② 金角湾大橋 ★

歩行禁止だが、マラソン大会のときは歩いて渡れる

② 港に架かる美しい斜張橋
金角湾大橋
📷 Золотой мост

2012年9月にウラジオストクで行われたAPECに合わせて開通した斜張橋。橋脚225m、全長は2.1km。橋を渡るとすぐ左手にマリインスキー劇場（→P.88）が見えてくる。

▶Map P.125-C3

住 Золотой мост 交 鷲の巣展望台から車と徒歩で10分

③ ロシア艦隊の歴史を解説
1992年までウラジオストクは外国人には未解放の軍港だった　2 金角湾大橋のたもとにある

太平洋艦隊博物館
📷 Музей Тихоокеанского флота

極東ロシアの太平洋艦隊の誕生から今日までの歴史を伝える博物館。日露戦争に始まる太平洋艦隊に関する記録や写真、地図、日本の連合艦隊に関する展示などもある。

▶Map P.125-C3

住 ул.Светланская 66
電 221-6492　URL museumtof.ru
開 11:00～18:00　休 なし
料 150₽　交 路線バス31番ДВГТУ下車、徒歩2分

1 2017年12月に改装オープンした　2 ソビエト時代から約40年続いていた歴史あるサーカス劇団

④ 本場ロシアのサーカスを観る
ウラジオストク国立サーカス
📷 Государственный Владивостокский Цирк

ボリショイサーカスは世界的に有名だが、ウラジオストクでも観ることができる。動物も登場し、子供も大人も楽しめるプログラムだ。ウェブサイトで公演日時を確認しよう。

▶Map P.125-D2

住 ул.Светланская 103
電 222-8252
URL circus-vladivostok.ru
開 日によって開演時間が異なる　休 開演日のみオープン　料 演目による
交 路線バス31番Цирк下車、徒歩2分

Vladivostok 87

COLUMN 02

地元コスプレイヤー大集合
ロシアのアニメファンと交流しよう

ロシアにもアニメファンがいると聞いていたが、うわさは本当だった。ウラジオストクの人気コミック店に地元のコスプレイヤーとその仲間たちが集まってくれた。

ウラジオストクでは、コスプレに限らず、さまざまなジャンルの日ロの文化交流イベントが開催されている。

噴水通りの裏路地を入った先にうわさのコミック店『ウベージシェ14』がある。そこはロシア語コミックを販売する書店。アメリカン・コミックスの扱いが多いが、一部日本のマンガも置かれている。

ある日の夜、店に地元のコスプレイヤー5名が集まった。それぞれ思い思いの人気キャラに扮している。さすがはロシア人、欧米作品のファンタジーキャラが板についている。

コスプレ暦8年のアナスタシアさんは、ハリーポッターが大好きでコスチュームはすべて自分で作る。ただひとり日本のアニメキャラのキャプテンハーロックに扮したヴァレリーさんは子供の頃から松本零士のファンだ。父親の日本出張のおみやげが『銀河鉄道999』のビデオで、以来日本アニメに魅了されたという。

コスプレイベント『ANIMATE IT!』

日本で欧米文化の洗練された部分が選ばれて入っていくが、ロシアでも日本文化の優れたものだけが入る傾向がある。マンガやコスプレもその流れで、かなりのファン層を形成しているという。

ロシアでは、欧米の作品を「コミック」といい、日本の作品を「マンガ」と呼び分けている。2015年にこの店を開業したサーシャさんは「ロシア全体ではヨーロッパやアメコミの人気が高いが、ウラジオストクでは特に日本の影響が大きく、マンガのファンやコスプレ人口が多い」と言う。

毎年春にウラジオストクで開催されるコスプレイベント『ANIMATE IT!』の運営に関わるアントンさんも日本アニメの大ファン。「日本アニメとの出会いは8歳のとき。最初に見たのは『トトロ』や『空飛ぶゆうれい船』。自分の娘が今6歳で、同じアニメを見て喜んでいる」と語る。

ロシアでコスプレイベントが始まったのは2000年代に入ってから。彼は地元の仲間と一緒に2006年にウラジオストクでイベントを立ち上げた。

ウラジオストクには日本語学習者や日本語スピーカーがロシアのほかの都市よりも多いことが知られている。日本のアニメファンとともに『ANIMATE IT!』の会場を訪ねてみよう。彼らとウラジオストクで交流できたら、双方にとってこんなに楽しいことはないだろう。

1 店内には日本のアニメグッズも 2 ウラジオストクを代表するコスプレイヤー5人衆 3 店主のサーシャさんの好きな日本のマンガ家はCLAMP 4 コスプレイベントを立ち上げた有志のひとり、アントンさん 5 ヴァレリーさんは2017年名古屋で開催された世界コスプレサミットに出演している

ウベージシェ14
Убежище14

▶ Map P.126-B2

住 ул.Адмирала Фокина 10а
TEL 8-914-6900541
URL instagram.com/vault_14
営 10:00〜20:00 休 なし
Card M.V 交 噴水通りから徒歩1分

ウラジオストクのコスプレイベント『ANIMATE IT!』
URL animate-it.ru

Column

ロシア人に大人気の日本食レストラン
Tokyo Kawaiiの不思議な世界

海外で日本食が注目されている。
でも、実際に訪ねてみると、あれっ?
ウラジオストクで人気の日本食レストランの「似て非なる」世界を見聞。

COLUMN 02

チーズ入りのフィラデルフィアロール、うなぎ巻き、レインボーロールなどがセットになった人気メニューの名は「フュージョン」750P

　ウラジオストクにある日本食レストラン『Tokyo Kawaii』を訪ねた。
　場所は、市内中心部にありながら、夏は海水浴ができるスポーツ湾のビーチから近いセミョーノフスカヤ通りにある洋館だ。
　「いらっしゃいませ」と日本語で書かれたガラスの扉を開けると、出迎えてくれたのは、白いワンピースにスタッズ付きジージャンという日本では少し前の女の子雑誌のファッションを身につけたウェートレスと蝶ネクタイのボーイのふたり。彼らは胸に自分の名前を書いた子猫のワッペンを付けている。
　天井にはおもちゃのようなシャンデリアがつるされ、ゆるキャラ風イラストが描かれている。各シートに癒やし系クッションが置かれ、客は背もたれにしたり、ひざの上に置いたりして過ごしている。日本人が思い描く海外の人気スシバーのイメージとは相当かけ離れているが、これが「東京かわいい」ということらしい。

背景に日本文化へのリスペクトがある

　では、肝心のお味のほどは……。メニューを見ると、看板料理はドギツイ色をしたカリフォルニアロールの数々。麺類もあったが、日本人には正直おすすめできないと言わざるを得なかった。見かけは日本食でも似て非なる世界だった。
　都内のロシア料理店に勤めるウラジオストク出身のシェフは「こうなるのは仕方がない面はある」ともらす。「日本人からみると邪道でしょうけど、ロシアでは米は中国産。一般のロシア人シェフは米のおいしい炊き方を知らないし、鮮魚のさばき方もわからないのだから」
　ひと言でいえば、彼らは必ずしも「本物」を求めているわけではないのだ。海外の食文化を自分たちなりに解釈して楽しんでいるという光景だと思えばいい。
　それでもなぜこの種の日本食レストランがはやるのか。市内には「原宿風」「個室隠れ家風」「アクアリウム風」(現地の情報サイトの説明による)といったそれぞれコンセプトの異なる『トキオ(Токио)』グループの店がすでに5軒、

さらに日本人が訪れることの少ないロシア極東軍管区のウスリースクや、ソ連崩壊前まではシベリア鉄道の始発駅があった小さな港町のナホトカにまで出店している。
　この現象は、逆にいえば、それほどロシア人にとって日本はまだ遠い存在ということだ。『Tokyo Kawaii』の店内にあふれる日本風ファッションやさまざまなアイテムも、海外のアート表現のひとつとして大まじめに捉えられているふしがある。「かわいい」も日本固有の文化としてリスペクトの対象なのだ。実際、この店の客層はお金に余裕のある人たちで、品のいい若い女性やカップルが多い。ここが地元でハイソな人気スポットとみなされているのは確か。
　西海岸で生まれたカリフォルニアロールは、大西洋を渡り、ヨーロッパ全域に広がり、ようやくシベリアの果てにまでたどり着いたのである。そう思うと、感慨深いといえなくもない。そこは成田からフライト2時間30分の「日本にいちばん近いヨーロッパ」なのである。

1

2

4

1 地元出身のウエーター&ウエートレス　2 客層は若いおしゃれな女性が多い　3 店の前にコスプレしたドアマンが立つことも　4 ロリータ風ワンピースのウエートレスも

Tokyo Kawaii
▶ Map P.126-B1
住 ул.Семёновская 7в
TEL 244-7777　URL tokyo-bar.ru　営 11:00～翌1:00　税 なし　Card M.V　交 噴水通りから徒歩3分

Vladivostok　89

AREA GUIDE 05

町歩きが済んだら
青い海と森が広がる島へ行こう！

橋の対岸には、木々に覆われた島なみがどこまでも続く。
アウトドア好きの地元の若者のキャンプ地となるルースキー島。
1日かけてエクスカーションはどう？

ルースキー島に「ノヴィク」という地元で人気のシーフードレストランがある。

AREA GUIDE 05
ルースキー島方面
остров Русский

2017年に完成した沿海地方水族館

1 ニューオープンの巨大アクアリウム
沿海地方水族館
Приморский океанариум

ルースキー島の入江に新しくオープンした水族館で、極東ロシアのアムール河やハンカ湖、バイカル湖、日本海などに生息する多様な水中生物を観ることができる。

▶ Map P.123-C3
住 Русский, ул.Академика Касьянова 25
TEL 223-9422　URL primocean.ru
開 10:00～20:00　休 月・水　料 平日大人700p、小人400P（土・日はプラス200P）
交 路線バス15番終点、市内から所要1時間

1 当日券の購入は朝9:30から　2 イルカのショーを観る場合はプラス100P

1 日本人バレリーナも出演する（→P.48）
2 1390席の大ホールと312席の小ホールがある

2 本場のバレエが観られる
マリインスキー劇場
Мариинский театр

2012年に完成したオペラ＆バレエ劇場。2015年からはサンクトペテルブルクの名門マリインスキー劇場の支部となった。本場のバレエやオペラが楽しめる。

▶ Map P.123-C2
住 ул.Фастовская 20　TEL 240-6060
URL prim.mariinsky.ru　開 公演日のみオープン
料 演目、席による　交 路線バス15番
Театр Оперы и Балета 下車、徒歩3分

AREA NAVI

アムール湾　ウスリー湾
●ウラジオストク
ルースキー島
ルースキー島周辺

☑ **どんなところ？**
金角湾大橋を渡り、その先に広がる自然豊かなルースキー島。大学のキャンパスや砲台などもある。

💡 **散策のヒント**
極東連邦大学のキャンパスの裏にある海岸公園は一般人にも開放されている穴場スポット。

🚌 **交通メモ**
路線バス15番に乗ると、終点が沿海地方水族館になる。ただし、砲台などを訪ねる場合は車で行くしかない。

▶ Map P.123-A3

AREA GUIDE 05 ルースキー島方面

\Check!!
ルースキー大橋
遊覧船 (→P.114) に乗ると、橋を下から眺めることができる。

\Check!!
対岸から見る金角湾大橋
マリインスキー劇場の前から眺めると、鷲の巣展望台の反対側から橋が見える。

\Check!!
水族館行きバス
路線バス15番の終点から水族館へは専用バス(無料)があり、乗り継げる。

\Check!!
砲台の入口
ヴァローシローフスカヤ砲台はルースキー島の森の中にあり、車で行くしかない。

---

3 島と市内を結ぶ巨大橋
ルースキー大橋
Русский мост

東ボスフォラス海峡をまたぎ、ウラジオストク南部のナジモフ半島とルースキー島をつなぐ橋。金角湾大橋と同じ2012年8月に開通した。車でしか通行できない。

▶Map P.123-C3
住 Русский мост
交 市内からタクシーで所要30分

橋脚324m、全長3.1kmの巨大橋

4 橋のたもとに並ぶ砲台
ノヴォシリツェーフスカヤ砲台
Новосильцевская батарея

1903年にルースキー島の北東に建造された砲台で、南に砲門を向けている。周辺は自然が豊かで海も美しいため、夏になると若者がキャンプやBBQのために訪れる。

▶Map P.123-C3
住 Русский, ул.Поспелова 13　URL fortvl.ru
交 市内からタクシーで所要40分

ルースキー大橋のすぐそばにある

▶Map P.123-C3

キャンパスの建物に入るには、事前に許可がいるので注意

5 海に面した美しいキャンパス
極東連邦大学 (FEFU)
Дальневосточный федеральный университет (ДВФУ)

1899年に設立された極東ロシア最大の総合大学で、2012年のAPECの会場として使われ、その後市内から移転された。4万人の学生がいて、キャンパスの海側が公園になっている。

住 Русский, Аякс пос 10
TEL 265-2424　URL dvfu.ru
交 路線バス15番Кампус ДВФУ下車すぐ

6 森の中にたたずむ砲門
ヴァローシローフスカヤ砲台
Ворошиловская батарея

1930年代に対日戦に備えてルースキー島に建設された砲台。車で向かう道中は深い森の中を走るが、突然視界が広がり、砲門が見える。臨時休業も多いので事前に確認を。

▶Map P.123-C3
住 Русский. Ворошиловская батарея
TEL 221-6492　URL fortvl.ru
開 9:00～17:00　休月・火　料 100P
交 市内からタクシーで所要50分

1 大砲の射程距離は35km　2 地下3階の倉庫は3.5mのコンクリートで覆われている

Vladivostok　91

AREA GUIDE 06

郊外 & 空港周辺
predместья и аэропорт

もっとディープに！
自然とアートが交錯する郊外にも足を延ばそう

ウラジオストクの郊外には、
美しい灯台や現代アートスポットなど、
多彩なアミューズメント施設が点在している。
時間がたっぷりある人向けの
ショートトリップをご紹介。

半島の東側には地元で有名な海水浴場のシャモラビーチがあり、夏はにぎわう。

青い空に白地のライトハウスが映える

アムール湾 / ウスリー湾 / ●ウラジオストク / ルースキー島

郊外 & 空港周辺

AREA NAVI

☑ どんなところ？
市内から南のルースキー島方面を除く、東西と北方面の個性あふれる観光スポットの数々。

💡 散策のヒント
どのスポットも方向が違い、一度に多く見て回ろうとするのは難しい。行きたい場所をしぼろう。

🚌 交通メモ
一部路線バスで行けるスポットもあるが、空港周辺へは車で行くしかない。

▶Map P.123-A2～B2

---

1 半島の先端に浮かぶ白塔
トカレフスキー灯台
📷 Токаревский маяк

1910年に建てられた高さ11.9mの灯台で、夏は海水浴場としてにぎわう。ウラジオ駅からバスで所要20分、停留所から相当歩く。冬には海にアザラシの姿が見られることも。

🏠 Токаревский маяк の南の終点下車、徒歩20分　🚌 路線バス59番

▶Map P.123-C2

満潮時には浅瀬が海に沈み、そばまで行くことができないので注意

---

2 ソ連時代の車が勢揃い
クラシックカー博物館
📷 Музей автомотостарьины

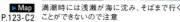

20世紀のソ連のクラシックカーやオートバイを展示したユニークな博物館。高級車や軍用車も展示。館内はソ連時代のポップスが流され、郷愁たっぷり。おみやげのミニカーもある。

▶Map P.123-C2

🏠 ул.Сахалинская 2a　📞 221-2477
URL automotomuseum.ru　🕐 10:00～18:00　休 なし　料 大人200P、小人100P
🚃 路面電車の東の終点Сахалинская 下車、徒歩1分

1 バイク好きにもたまらないスポット
2 スターリン時代の派手なポスター
3 1960年代のソ連で人気だった3А3-965

92　Vladivostok

\Check!!
ウラジオストク
国際空港
市内から44km離れているが、サファリパークやカジノに行くには空港からが近い。

アルチョム

\Check!!
サファリパークの評判
「トラに生きた山羊を餌として与えたら親友になった」というニュースで世界的に有名。

❻ プリモルスキー・サファリパーク

AREA GUIDE 06

郊外&空港周辺

❺ ティグレ・デ・クリスタル

アムール湾

❹ 要塞ナンバーセブン

ウスリー湾

❸ ザリャー

ウラジオストク

\Check!!
要塞がいっぱい
ウラジオストク周辺には100近い要塞と砲台跡が残っている。詳しくはウラジオストク要塞サイトURL fortvl.ruを参照。

❶ トカレフスキー灯台

❷ クラシックカー博物館

ルースキー島

\Check!!
ガラスのビーチ
市内から車で45分ほどの東海岸にガラスのビーチがある。入場料150P。

N 0 10km

要塞の中は冷えます

1 専任ガイドが案内してくれる
2 最短コースでも1時間はかかる

❸ 工場跡に生まれたアートスポット
ザリャー
ЗАРЯ

▶ Map P.123-C2

2013年にソ連時代の縫製工場跡地に生まれた現代アートスポット。定期的に国内外のアート展示や映画上映、ワークショップを行う。アートinレジデンスの実験場でもある。

住 проспект 100-лет Владивостоку 155 TEL 231-7100
URL zaryavladivostok.ru
開 12:00～20:00(金・土・日は11:00～22:00)
休 なし 料 無料 交 路線バス59番の終点ファブリカ"Заря"下車、徒歩2分

1 現代アートの企画展が常時行われている
2 敷地内には8棟の赤れんが建築がある

❹ 人気の地下要塞
要塞ナンバーセブン
Форт No. 7

▶ Map P.123-C2

1910年に建造された地下要塞で、トンネル部分は全長1.5kmにも及ぶ。武器庫やトイレ、炊事場なども残っている。要塞は丘の上にあり、アムール湾の見晴らしもいい。

▶ Map P.123-C2

住 ул.Лесная155 TEL 222-8090 URL fort7.ru
開 11:00～19:00 休 月 料 550P(グループの場合、料金設定が変わる) 交 市内からタクシーで所要30分

❻ 奇跡の物語で知られる
プリモルスキー・サファリパーク
Приморский Сафари-Парк

▶ Map P.123-D1

ウラジオストク近郊にはウスリータイガーやヒョウ、クマ、ヘラジカなどのさまざまな野生種が生息している。多種多様な動物たちが仲よく暮らす世界を見に行こう。

住 Шкотово, ул.Приморский Сафари-Парк TEL 924-124-1717 URL safaripark25.ru 開 10:00～18:00 休 なし 料 大人450P、小人300P Card 不可 交 タクシーで空港からは所要20分
夕方の動物への餌やりは18:00頃から

❺ 郊外にオープンした豪華カジノ
ティグレ・デ・クリスタル
Tigre de Cristal

2015年空港に近いアムチョル市郊外にオープンした巨大カジノ。館内にはホテルやレストラン、バーなどがある。カジノに入るには、パスポートと所定の手続きが必要。

▶ Map P.123-D2

住 Артем, ул.Бухта Муравьиная 73 TEL 246-8888 URL tigredecristal.com 開 24時間 休 なし 料 入場無料 Card M.V.A 交 タクシーで市内から所要50分、空港から所要20分(宿泊客には送迎車あり)

日本語のわかるスタッフもいる

Vladivostok

COLUMN 03

観光客が少ないから
むしろ狙い目
ロシアの冬を楽しもう

ロシアの冬はとても寒いけれど、ウラジオストクの人たちはアクティブだ。
厳寒の季節でしか味わえない極冷体験に挑戦！

ウラジオストクの冬はイベントがめじろ押し。詳しくはP.116の年間イベント情報を参照。

このユニークなアイスランを体験しに世界中から多くのランナーが集まってくる

- 5kmコース
- 10kmコース
- 21.1kmコース（ハーフマラソン）
- Food, drink, medical station

氷結した海の上を走る！
ウラジオストク国際アイスラン
（VLADIVOSTOK INTERNATIONAL ICE RUN）

2月下旬

ルースキー島東部の深い入江も、冬になると氷の海に変わる。毎年2月下旬、そこは氷上ハーフマラソンが開催される舞台となる。平均気温はマイナス7度、風も強いが、毎年多くのランナーが参加する。コースは5km、10km、21.1kmから選べ、6歳から13歳まで参加できる500mランもある。滑り止めスパイクを付けて走破しよう。

● 参加手続き
アイスランの参加申し込みは、ロシア国内のランニングイベントの総合サイトRussia Running（URL russiarunning.com/events）のイベント情報から「VLADIVOSTOK INTERNATIONAL ICE RUN」を探し、希望のコースを登録し、カード決済する。
大会の詳細については

ウラジオストク国際アイスラン公式サイト
URL jp.vladivostokice.run

※現地の対応は必ずしも万全ではないため、JATM（→P.119）のような極東ロシアの専門旅行社に手配を頼むのが無難です。

1 スタートは10:00（21.1kmコース）から　2 ゴーグル姿のランナーも　3 5kmや10kmコースの参加者は片道で終わりだが、21.1kmコースは往復を走る　4 競技に参加した宮本匡さんとロシア人のアントンさん　5 子供の参加者も多い。参加者全員に記念メダルが授与される

94　Vladivostok

COLUMN 03

12月中旬〜1月中旬
ロシアのクリスマスを過ごす

ロシア正教のクリスマスは1月7日だが、12月中旬から町は美しくライトアップされ、クリスマスムードに染まる。マリインスキー劇場ではクリスマスの時期に合わせて「くるみ割り人形」の公演が実施され、大晦日はカウントダウンのために夜遅くまで町はにぎわう。一方、この時期教会に足を運ぶと、敬虔な信者たちの姿も見かけるだろう。ロシアらしいクリスマスを過ごしてみては。

1 中央広場に特設される電飾ツリー　2 金角湾大橋が見える　3 電飾サンタさんのソリ　4 日本にはないクリスマス用装飾を見に行こう　※写真はすべてウラジオストク在住の写真家Yuriy Smityukさんが撮影

冬の風物詩
ワカサギ釣り

1月〜2月

ウラジオストクでは毎年12月頃から海上に氷が張り始める。夏は海水浴場だったスポーツ湾も風景が一変し、氷の上を散歩する人たちの姿が見られる。なかでもこの町の冬の風物詩といえるのが、氷穴釣りだ。

1 氷結した海の向こうにルースキー大橋が見える　2 キュウリウオやワカサギが釣れる　3 ドリルで氷に穴を開け、釣り糸をたらす　4 氷の海がオレンジ色に染まる。この時期でしか撮れない夕景だ　※写真1と4はDiscover Vladivostok photobank提供

Vladivostok　95

COLUMN 04

日本人のゆかりの地は極東連邦大学のモルグン・ゾーヤ先生の調査をベースにまとめています。

スヴェトランスカヤ通りはかつて路面電車が走っていた

こんなにいろんなご縁があった
日本にゆかりのある スポットをご案内

20世紀前半、ウラジオストクには多くの日本人が暮らしていた。当時日本人が活動していた場所はいまも数多く残っている。散策の合間に訪ねてみよう。

① 旧日本人小学校

最初の日本人学校は浦潮本願寺の一室で1894年に開校されたが、1913年この建物を購入。1922年当時生徒数256人で運営された。1931年閉鎖。
ул.Фонтанная 21

② 旧堀江商店

堀江直造は1892年に日用雑貨輸出商としてウラジオストクに渡り、99年に経営者になる。妹尾商店、大田商店も並んでいた。
ул.Алеутская 39

③ 旧日本国総領事館

日本貿易事務所の跡地に1916年に建てられた石造りのギリシア式建築。建築家の三橋四郎による。現在、沿海地方裁判所。
ул.Океанский проспект 7

④ 旧朝鮮銀行

1919年、朝鮮銀行浦潮斯徳支店開設。その後、オホーツク海の漁業に関する業務を行ったが、30年にソ連政府によって閉鎖させられた。
ул.Океанский проспект 9

浦潮本願寺記念碑
1886年開設。在留邦人の癒やしの場所だった。37年閉鎖。

ディナモ・スタジアム
1940年代後半、日本人シベリア抑留者によって建設されたサッカー場。

旧横浜正金銀行
1918年から22年までの間営業。現在はアルセーニエフ博物館。

ウラジオストク駅
シベリア横断鉄道の始発駅。かつて日本人もここからヨーロッパへ。

⑤ 旧杉浦商店
1880年、アメリカと取引していた横浜の貿易商会がウラジオストクに支店を開設。同支店の杉浦久太が事業を引き継いだ。
ул.Адмирала Фокина 23

⑥ 入野義朗生家

現代音楽家の入野義朗は1921年ウラジオストク生まれ。入野の父は鈴木商店の支店長としてこの建物に住んでいた。1927年に一家は日本へ帰国。
ул.Краснознамённый переулок 5

COLUMN 04

かつて6000人近い日本人が住んでいた

ロシア人がウラジオストクの建設を始めたのは1860年。すでに日露和親条約によって長崎、下田、函館の3港が開かれ、ロシア船の日本への渡航は自由になっていた。その頃から日本人はウラジオストクに渡航している。1876年(明治9年)、日本は貿易事務所を開設。以降、多くの日本人が「日本にいちばん近いヨーロッパ」へと渡り、1919年には6000人近い在留邦人がいた記録もある。ところが、1920年代半ば以降、ロシア革命後の情勢の変化で多くが帰国した。その後、ウラジオストクはソ連崩壊の1990年代まで外国人が訪問できない軍港となった。

日本とのゆかりのあるスポットにはプレートで当時の歴史が日本語で解説されている

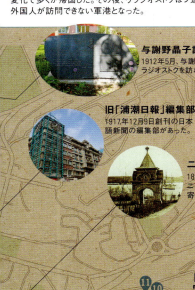

与謝野晶子記念碑
1912年5月、与謝野晶子はウラジオストクを訪ねている。

旧「浦潮日報」編集部
1917年12月9日創刊の日本語新聞の編集部があった。

ニコライ2世凱旋門
1891年日本から帰国したニコライ皇太子が立ち寄った記念として建設。

「ロシア柔道の祖」ワシリー・オシェプコフと嘉納治五郎の像
サハリン出身のオシェプコフは1911年に講道館に入門。帰国した14年にクラブを創設。

 ⑫ シベリア抑留者慰霊碑

旧収容所のあった場所に建てられた慰霊碑。空港に近い。毎年8月、ウラジオストク日本人会と総領事館が中心となって参拝が行われる。 ▶Map
ул.Вахрущева 1　P.123-D1

 ⑪ プーシキン劇場

1915年、芸術座の松井須磨子が出演している。当時彼女が歌った歌謡曲『カチューシャの唄』は日本でも大ヒットした。
ул.Пушкинская 27

⑩ 旧東洋学院

1899年に極東ロシアで最初の高等教育機関として設立。中国語や日本語、モンゴル語、満州語などが教えられた。現在は極東連邦大学。
ул.Пушкинская 10

⑦ 旧松田銀行部

日露戦争後の1907年、長崎市の十八銀行支店として開設。19年には朝鮮銀行浦潮斯徳支店となる。
ул.Океанский проспект 24

⑧ 二葉亭四迷のゆかりの地

東京外国語学校でロシア語を学んだ明治の作家、二葉亭四迷は1902年には3週間ウラジオストクに滞在した。現在はウラジオストク市博物館。
ул.Петра Великого 6

⑨ ロシアにおける柔道発祥の地

1914年この建物でロシア初の柔道普及が始まった。在留邦人とロシア人が柔道を通じ交流した。
ул.Корабельная Набережная 21

Vladivostok 97

ウラジオストクのおすすめホテル

宿選びは旅を楽しむうえで重要なポイントだ。観光スポットが市内中心部にほぼ集中しているため、徒歩圏内で移動できるロケーション重視で選ぶといい。

Wi-Fiが自由に使えます

市内から少し離れたアストリアホテルには「アガニョック」という評判の自然食レストランがある。

予約の方法
外国人旅行者が急増中のウラジオストクでは、7～9月のハイシーズンはほとんどの宿が満室状態なので、早めの予約が無難だ。これまでロシアでは、ホテルは旅行会社を通して予約し、バウチャー(支払い証明書)を用意するのが建前だったが、沿海地方でアライバルビザの取得が可能となり、ホテル専門サイトから直接予約できる。現地に通じた極東ロシア専門の旅行会社を利用してもいい。

宿の利用の仕方
市内には高級ホテルは少なく、中級クラスがほとんど。利用の仕方は他の国のホテルと変わらない。フロントではたいてい英語が通じるし、スタッフのホスピタリティも問題はない。

ホテルのロビーにはたいていバーやカフェがある

チェックイン
ホテルに着いたら、フロントに日本の旅行会社などで発行したバウチャーやパスポート、入出国カードを提出する。最近ではバウチャーの提示は省かれることも多い。

パスポート
ロシアでは、チェックイン後、滞在登録手続きのため、パスポートと出入国カードをホテル側が一時預かる。外出時にはパスポート携帯が望ましいため、早めに返却してもらおう。

インターネット
無線LAN (Wi-Fi) に対応しているホテルがほとんど。無料のところが多く、フロントでIDとパスワードを確認すればすぐ使える。フロントなど一部でしか使えないホテルもある。

チェックアウト
12:00までと定めているところがほとんど。バウチャーならカギの返却のみ。午後まで町を観光する場合は荷物を預かってくれるが、有料である場合が多い。

タイプ別ホテル案内
ウラジオストクでは宿不足が指摘されているが、最近、新しいタイプの宿泊施設が増えている。滞在日数や予算に合わせて自分好みの宿を選ぼう。

シティホテル
外資系を含め、現代的なサービスを兼ね備えたラグジュアリークラスのホテルはまだない。今後開業予定の外資系ホテルもあるので、待つことにしたい。

高台からの海の眺めが美しい
アジムト
Azimut Hotel Vladivostok
АЗИМУТ Отель Владивосток

高台の上に立つ高級ホテルで、館内はクールなデザインで統一されている。海辺通りにも歩いて行けるので観光にも便利。フロントとバーが隣接している。

▶Map P.126-A2
住 ул.Набережная, 10　☎ 241-1941
料 シングル＆ダブル 6300～21500P
Card A.M.V　室 378　WiFi 無料
交 ウラジオストク駅から徒歩12分
URL azimuthotels.com/russia/vladivostok

Vladivostok

市内中心部に位置する
高級ホテル
ヒュンダイ
Hyundai
Отель Хендэ

ウラジオストクにおける高級ホテルのひとつ。市内中心部に位置し、観光に便利。館内には市のツーリストインフォメーションや韓国料理店がある。

▶ Map P.127-C2

住 ул.Семеновская 29　☎ 240-2233
料 シングル & ダブル 11500P 〜 80000P
Card A.M.V.J　室 153　WiFi 無料
交 グム百貨店から徒歩 5 分
URL hotelhyundai.ru

中級ホテル

ソ連時代からの古いホテルを改装したタイプが多く、他の国のホテルに比べると施設はいまいちの印象。館内には朝食や軽食が食べられるカフェやバーがある。

駅から徒歩 3 分の近さ
プリモーリエ
Primorye
Гостиница Приморье

ウラジオストク駅から最も近い場所にあるホテル。窓から金角湾大橋が望める。館内は清潔でビジネス出張者にも利用されている。近所にスーパーがあり便利。

▶ Map P.124-A3

住 ул.Посьетская 20　☎ 241-1422
料 シングル & ダブル 4200 〜 6100P
Card A.M.V.J　室 120　WiFi 無料
交 ウラジオストク駅から徒歩 3 分
URL hotelprimorye.ru

海辺に近い老舗ホテル
ヴェルサイユ
Versailles
Отель Версаль

1909 年に建てられたウラジオストクで最も古いホテル。館内はその名のとおり、クラシカルな趣。モダンなスタローヴァヤ（食堂）が隣接していて便利。

▶ Map P.126-B2

住 ул.Светланская 10　☎ 226-4201
料 シングル & ダブル 4800 〜 12600P
Card A.M.V　室 42　WiFi 無料
交 ウラジオストク駅から徒歩 10 分
URL hotel-versailles.ru

アムール湾が一望にできる
アジムト
アムールスキーザリフ
Azimut Amur Bay
Амурский залив Владивосток

アジムトホテルのエコノミーブランドで、さらに徒歩 5 分海側にある。客室はアジムトに比べると簡素だが、客室からのアムール湾の眺めは同様に美しい。

▶ Map P.124-A3

住 ул.Набережная 9　☎ 241-2808
料 シングル & ダブル 2500 〜 8500P
Card M.V　室 201　WiFi 無料
交 ウラジオストク駅から徒歩 17 分
URL azimuthotels.com/Russia/a-hotel-amur-bay-vladivostok/

日本人に人気の中級ホテル
ジェムチュージナ
Zhemuchuzina
гостиница Жемчужина

「真珠」という名のホテル。市内のホテルに比べ、内装がリニューアルされ、きれいなわりにはリーズナブルなので、日本人に人気。1 階ロビーにカフェバーがある。

▶ Map P.124-A3

住 ул.Бестужева 29　☎ 241-4387
料 シングル & ダブル 4300 〜 8400P
Card M.V　室 89　WiFi 無料
交 ウラジオストク駅から徒歩 6 分
URL gemhotel.ru

海に面した部屋を取りたい
エクヴァートル
EQUATOR
Гостиница Экватор

スポーツ湾を望む高台にあるマカロフ将軍の記念碑の裏手にあるホテル。リーズナブルだが、客室は清潔でスタッフも親切。隣に中華料理店「渤海」がある。

▶ Map P.126-A2

住 ул.Набережная 20　☎ 241-1254
料 シングル & ダブル 2500 〜 7200P
Card M.V.J　室 141　WiFi 無料
交 中央広場から徒歩 10 分
URL hotelequator.ru

リーズナブルだが施設が古い
マリャーク
Моряк

「船乗り」という名のホテルで、ウラジオストク駅や噴水通りに近く、観光に便利。リーズナブルだが、エレベーターがないなど施設が古い。2 階にカフェがある。

▶ Map P.126-B2

住 ул.Посьетская 38　☎ 249-9499
料 シングル & ダブル 2900 〜 4000P
Card M.V　室 110　WiFi 無料
交 ウラジオストク駅から徒歩 8 分
URL hotelm.ru

ウラジオストク市内には「ホテル・ゾディアック」というカプセルホテルがある。

ミニホテル

最近、市内に増えているのが古い洋館を改装したキッチン付きのサービスアパートメントやミニホテルで、内装もおしゃれで快適だ。滞在そのものが楽しめそう。

ヨーロッパ調の洋館ホテル
シビールスコエ・パドヴォーリエ
Sibirskoe Podvorie
Сибирское подворье

オケアン通りの坂を上がり、市庁舎を越えた先の右手の路地の中に立つ洋館を改装したホテル。客室はヨーロッパ調でアットホームな雰囲気。ネコが飼われている。

▶Map P.127-C1
住 ул.Океанский пр-т 26 TEL 222-5526
料 シングル 3000〜5000P ダブル&ツイン 4500〜12000P
Card M.V 室31 WiFi 無料
交 中央広場から徒歩7分
URL otelsp.com

おしゃれなキッチン付きホテル
サンライズアパートメンツ
Sunrise Apartments

ホテルヒュンダイの裏のフォンタンソナヤ通りにあるアパートタイプの宿。部屋はキッチン付きなので、暮らすような旅が楽しめる。スタッフも明るく親切。

▶Map P.127-C1
住 ул.Фонтанная 59 TEL 248-5848
料 シングル&ダブル 3850〜5700P
Card M.V 室22 WiFi 無料
交 グム百貨店から徒歩6分
URL sunrise-apartments.ru

ホステル

ドミトリー形式のホステルも増えている。ビルのワンフロアを改装したタイプで、フロントと一体化した共有スペースや個室も備える場合が多い。若いロシア人も利用している。

駅に近いおしゃれなホステル
テプロ
Teplo
Тепло

プリモーリエの隣にあるおしゃれなホステルで、部屋はスタンダードからスーペリアまで4タイプ。カフェのような共同ロビーがあり、調理もできる。駅からも近く観光に便利。

▶Map P.124-A3
住 ул.Посьетская 16 TEL 800-500-0751
料 シングル&ダブル 2800〜4200P
Card M.V 室28 WiFi 無料
交 ウラジオストク駅から徒歩4分
URL teplo-hotel.ru

人気No.1 ゲストハウス
ギャラリー&モア
Garally&More

快適さや立地から人気No1のゲストハウス。美術品コレクターとして世界を旅したローマンさんがオーナーのこだわりの宿。館内でのたばこ、アルコールは厳禁なので注意。

▶Map P.126-B2
住 ул.Адмирала Фокина 4б
TEL 924-738-6790
料 シングル&ダブル 3500〜4950P
ドミトリー 1300P Card M.V 室20
WiFi 無料 交 噴水通りから徒歩1分
URL galleryandmore.ru

ロシアの伝統的ホステル
イズバ
IZBA

中央広場からアレウーツカヤ通りの右手を歩いてクローバーハウスを越えた少し先のビルの3階にあるゲストハウス。ロシア風にウッディな内観なのが特徴。

▶Map P.126-B1
住 ул.Мордовцева 3 TEL 290-8508
料 シングル&ダブル 1800〜3000P
ドミトリー 500〜650P
Card M.V 室6(56ベッド) WiFi 無料
交 中央広場から徒歩12分
URL izba-hostel.ru

ウスリースクのホテル

ウスリースクには外国人が泊まれるホテルはそれほど多くはないが、駅から車で5分ほど離れた場所に町の中心があり、ホテルもその周辺にある。

町を代表するシティホテル
ウスリースク
Ussuriysk
Уссурийск

ウスリースク市内中心部にあるこの町でいちばん大きなシティホテル。バスターミナルや市場、旧市街などの観光スポットにも近くて便利。1階にカフェがある。

▶Map P.45
住 Уссурийск, ул.Некрасова 64
TEL 914-711-0120
料 シングル&ダブル 2000〜3200P
ツイ 2400〜5500P
Card M.V 室128 WiFi 無料
交 ウスリースク駅からタクシーで5分
URL hotelussuriisk.ru

TRAVEL
INFORMATION
Essential Information, Arrival and Departure,
Public Transportation, Security etc.

旅の基本情報

フライト2時間30分で着く「日本にいちばん近いヨーロッパ」。
電子簡易ビザの申請で、誰でも気軽に旅行できるようになった。
これだけおさえておけば、自由気ままに町歩きが楽しめるはず。

ウラジオストクの基本情報

フライト約2時間30分の近さというけれど、
ウラジオストクってどんな町？
観光スポットやグルメ情報はもちろん、
旅を楽しむためにロシアの基本を知っておこう。

基本を覚えていれば
イザというとき
慌てない！

ウラジオストクは港町なので、そこで暮らすのは明るく開放的な人たち。歴史的な経緯もあり、日本人に対して友好的だ。

基本情報

● **国旗**
白・青・赤の三色旗で、白は高貴と率直のベラルーシ、青は名誉と純潔性のウクライナ、赤は愛と勇気のロシアを表す。

● **正式国名**
ロシア連邦
Российская Федерация

● **国歌**
ロシア連邦国歌
Гимн Российской Федерации

● **面積**
1707万km²
（日本の約45倍）

● **人口**
約1億4338万人（2017年）
ウラジオストク市の人口は 約60万人

● **首都**
モスクワ Москва
人口約1150万人

● **元首**
ウラジーミル・
ウラジーミロヴィチ・プーチン
ロシア連邦大統領

● **政体**
連邦共和制

● **民族構成**
ロシア人79.8％のほか、180を超える少数民族からなる。

● **宗教**
キリスト教（ロシア正教ほか）

● **言語**
公用語はロシア語

通貨・レート

ロシアで使用されている通貨はルーブルрубльとカペイカкопейка。
1p=100カペイカ=1.86円（2018年3月現在）。

● 1p（ルーブル）＝約2円

10P

50P

100P

500P

1000P

2000P

5000P

1カペイカ

5カペイカ

10カペイカ　50カペイカ

1P　2P　5P

10P

10P（記念コイン）

電話

ホテルの部屋から国際電話をかけると、手数料がかかり割高になるので注意。SIMカードは空港や携帯電話ショップで購入できるが、パスポートの提示が必要。

※ウラジオストクの市外局番は**423**

● **日本→ロシア**　　　　　　　　　　　〈1234-5678にかける場合〉

001/0033/0061など	▶	010	▶	7	▶	1234 5678
国際電話会社の番号		国際電話識別番号		ロシアの国番号		相手の電話番号

● **ロシア→日本**　　　　　　　　　　　〈03-1234-5678にかける場合〉

8-10	▶	81	▶	3-1234-5678
国際電話識別番号		日本の国番号		固定電話・携帯とも最初の0は取る

● **現地で**
市内通話は相手の番号のみかければいい。
市街通話は、まず8を押してトーンを確認し、市外局番、相手の番号をかける。

102　Vladivostok

祝祭日の営業

祝祭日でもたいていのショップやレストラン、博物館などの観光スポットが営業している。休日や祝祭日よりも、特に冬季は天候などの理由で臨時休業する場合が多い。

日付の書き方

ロシアでは、日本と年月日の書き方が異なるので注意しよう。日本とは順番が異なり、「日／月／年」の順で記す。例えば、「2017年5月10日」の場合は、「10／5／2017」と書く。日本人だと10月5日だと勘違いしてしまいそうだが、5月10日なので注意を。

INFORMATION ウラジオストクの基本情報

両替

● 銀行や両替所を利用

円からルーブルへの両替は、空港や町なかの銀行でできる。レート、手数料は場所によって若干違う。ホテルでは両替できないので注意。

ATM

● 出発前に暗証番号の確認を

空港や町なかにあり、VISAやMasterCardなど国際ブランドのカードでルーブルをキャッシングできる。出発前に海外利用限度額と暗証番号を確認しておこう。なお、手数料は各銀行によって異なるので留意を。

クレジットカード

● カードが使える場所は多い

ホテルやレストラン、ショップでは、VisaやMasterCardなど国際ブランドのカードであればたいてい使える。両替はできるだけ最小限にとどめて、カードで支払うのが賢い方法。ICチップ付きのカード利用時には暗証番号（PIN）が必要なので、事前に確認しておこう。サイン式決済は使えない場合があるので注意。

言語

● 英語はあまり通じない

港町のウラジオストクでは、ホテルやレストランなど以外では英語がほぼあまり通じない。若い世代は簡単な英語なら話せるが、町なかのキオスクや雑貨店などではロシア語しか通じない。簡単なロシア語を覚えておこう。

時差とサマータイム

● ＋1時間

ロシアには11の時間帯があるが、沿海地方のウラジオストクと日本との時差は1時間で、日本より進んでいる。つまり日本の18:00がウラジオストクでは19:00となる。サマータイム制は廃止され、かつての冬時間が標準時間として固定された。

物価

● 日本より少し安い

一般にレストランでの食事や食品、日用品などは日本に比べて少し安いが、ホテル代はハイシーズンの場合、混み合うため中級ホテルでも若干高めとなる。

日本からの飛行時間

● 日本から約2時間30分

日本からはS7（シベリア航空）やオーロラ航空の直行便が運航しており、約2時間30分でウラジオストクに着く。ソウル経由便でも行けるが、乗り継ぎで5時間以上かかる。

チップ

● 感謝の気持ちとして

レストランやホテルなどの料金にはほとんどサービス料が含まれているので、基本的にチップは不要。快いサービスを受けた場合や特別なお願いをした場合などは、心づけ程度に手渡そう。ちょっとした日本のおみやげを渡すと喜ばれるだろう。

旅行期間

● 2泊3日でも十分楽しめる

ウラジオストクはそれほど大きな都市ではなく、観光スポットも市内に集中しているため、2泊3日あればすべてを回ることができる。

パスポート＆ビザ

● ネットでビザの申請が可能に

パスポートの有効残存期間はロシア出国時に6ヵ月以上必要。2017年8月よりロシア沿海地方の空路と航路での入国に限り、8日間滞在可能な電子簡易ビザがインターネットで事前申請できるようになった。ビザの申請方法についてはP.109を参照のこと。

ウラジオストクの冬は雪が少ない。室内の暖房は暑すぎると感じるほどだ。

電圧・電源

● **プラグの種類はCタイプ**

電圧は220Vで、周波数は50Hz。プラグはヨーロッパCタイプが一般的。プラグアダプターは日本の量販店で購入できる。使用する日本の機器が海外での利用を保証しているか、必ず確認を。

トイレ

● **町なかのトイレは無料**

町なかや駅の公衆トイレは専門係員がいる有料トイレもわずかに残るが、原則無料。男（М）、女（Ж）で表示。

郵便

● **日本まで2週間以上かかる**

郵便事情はよくない。日本までの郵便料金は、はがきも封書（〜20g）も35.40P。ウラジオストクから日本に届くのに2〜3週間くらいかかる。大切な荷物や書類はEMSやDHLなどの国際郵送会社を利用したほうがいい。

水

● **水道水は不可**

水道水の飲用は不可。ミネラルウオーターは町なかのマガジン（食材店）やスーパーで購入できる。水が欲しいと言うと、炭酸ガス入りかなしかを聞かれる。

ベストシーズン　●5月から9月がおすすめ

11〜4月は寒冷で、ようやく春めいてくる5月から9月末までが旅行しやすい季節。ハイシーズンは7〜9月でホテルが取りにくいほどだ。ただし、冬にもさまざまなイベントがあり、お楽しみは多い。ホテルも取りやすいので、行く価値はある。

> 春めいてきたとはいえ、朝晩は涼しい

Tokyo 最高気温／最低気温：9.6℃／0.9℃、10.4℃／1.7℃、13.6℃／4.4℃、19.0℃／9.4℃、22.9℃／14.7℃、25.5℃／18.0℃、17.0℃／10.6℃

Vladivostok 最高気温／最低気温：-8.8℃／-16.3℃、-5.9℃／-13.7℃、1.7℃／-5.6℃、9.1℃／1.3℃、14.0℃／6.4℃

降水量 Vladivostok／Tokyo：15.0mm／52.3mm、19.0mm／56.1mm、25.0mm／117.5mm、54.0mm／124.5mm、61.0mm／137.8mm、100.0mm／167.7mm

Best Season

1　Январь

1/7　クリスマス
ロシア正教ではクリスマスは1月7日。

1/19　神現祭
東方の三博士がベツレヘムへ来訪した日を記念したお祭り（西洋では公現祭）。ロシアでは凍った川や湖で沐浴を行う。

2　Февраль

1月下旬〜2月中旬　春節（中国の旧正月）
※2/5(2019)
中国系住民も多く、春節を祝う。

2/23　祖国防衛の日・男性の日
今日では男性が女性から感謝される日で、祝日になる。

2月〜3月　マースレニッツァ祭
春の訪れを告げるバター祭り。

3　Март

3/8　女性の日・国際婦人デー
この日ロシアでは、男性が女性に感謝の意味を込めて花束を渡す。

ロシア人女性はバラの花が大好き

4　Апрель

3月下旬〜4月下旬　復活祭
※4/28(2019)
西洋ではイースターと呼ぶが、ロシア正教の復活祭は「パスハ」と呼ばれる。

町では聖職者によるパレードも行われる

5　Май

5/1　メーデー
ソビエト時代から続く伝統的なパレードが例年朝10:00より始まる。

5/9　戦勝記念日
例年午前9:00頃より戦車や軍人の行進、続いて戦没者の行進が行われる。

6　Июнь

6/12　ロシアの日
ロシア連邦になった記念日。広場に市場が出たり、コサック部隊による演奏会などがある。

6月の最終週土日　青年の日
市内各地でコンサートなどが行われる。

インターネット

● **無料Wi-Fiがいたるところに！**
ホテルやカフェ、レストランなどでWi-Fiを無料で接続できる。パスワードが必要だが、店の人にスマートフォンを見せて尋ねると、たいてい教えてくれるし、親切な人は目の前で打ち込んでくれることも。

喫煙

● **室内はNG**
レストランやカフェ、ショップ、ホテルなどの公共の建物内や列車などの交通機関では完全禁煙で、テラスなどの外部のオープンスペースでは喫煙可。ホテルでは罰金を科せられることもあるので注意。

マナー

● **ジャケットは1着用意**
ロシアではヨーロッパ同様、劇場やクラブなどに入る際、クロークにコートを預けるのがルール。一部のレストランもそう。劇場でバレエを観る予定があるなら、男性はジャケットとネクタイを用意しておくといい。

お酒

● **22:00以降は販売禁止**
アルコール好きのロシア人だけに、町なかのマガジン（食材店）やスーパーに行くと、さまざまな種類のビールやウオッカ、ワインなどが並んでいる。ただし、他の食料品は閉店まで買えても、アルコールは22:00以降、販売禁止になる。

INFORMATION

ウラジオストクの基本情報

※ウラジオストクの気温はロシア連邦水文気象環境監視局、東京は気象庁より。
URL pogodaiklimat.ru

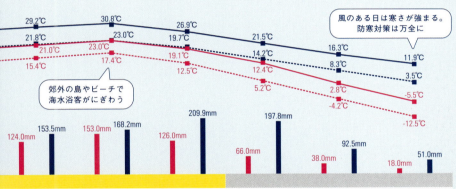

7 Июль

7/2
市制記念日
（→P.106）

7月第2日曜
漁師の日
漁師のためのお祭り。広場でダンスあり。

7月最終日曜
※7/29(2018)
海軍の日
（→P106）

8 Август

8月（日程は未定）
ホーリー祭
インドの色水や色粉をかけあい、豊作を祈るイベントを取り入れたお祭り。

9 Сентябрь

9月最終日曜
※9/30(2018)
トラの日
（→P.107）

9月下旬～10月中旬
タイガの森週間
タイガの森を守るためのイベントや地元食材を使ったメニューがレストランで提供される。

10 Октябрь

10/25
プリモーリエ（沿海地方）の日
夜には港に花火が上がる。

10/31
ハロウィン
町なかのレストランやショップはハロウィン色に染まる。

11 Ноябрь

11/4
民族統一の日
17世紀に外国軍を駆逐し、モスクワを解放した記念日。

Photo by Yuriy Smityuk
ロシアのサンタクロース、マロースおじさんに会えるかも!?

12 Декабрь

12月中旬～1月中旬
クリスマスウィーク
本来のロシア正教のクリスマスは1月からだが、最近では12月中旬からクリスマス色になる。

12/31
カウントダウン
中央広場に屋台が出て大騒ぎ。クライマックスは例年22:00頃。朝まで営業するバーも。

● 赤字は祝祭日、※は移動祝祭日
※ロシアはキリスト教に関する祝日が多く、年によって異なる移動祝祭日がある。
移動祝祭日は毎年日にちが変わるので注意！

Vladivostok 105

ウラジオストクの年間イベント情報

これらのイベントに関する情報はまだ少ないので、日程を決める前に現地サイトなどで調べよう。

ウラジオストクでは1年を通じてさまざまな祝日やイベントがある。これらの記念日には多くの市民が町に繰り出し、祭りを楽しんでいる。旅行の日程を決める際の参考にしたい。

情報提供：ジャパン・エア・トラベル・マーケティング（JATM）

ウラジくん

● **ウラジオストクのイベント情報サイト**　URL www.vl.ru/afisha/vladivostok

各種イベントの日程が決まるのは、例年遅い傾向にある。渡航時期にどんなイベントや公演があるかを調べるには、現地情報サイトのVL.RUが参考になる（ただし、ロシア語）。

「トラの日」のフェイスペインティング

春 Весна

5月9日
戦勝記念日

第2次世界大戦の戦勝記念日。毎年9:00に戦車や軍人の行進が行われる。昼過ぎからは、噴水通りや海岸通りで演奏や撮影会、夜は8:00より中央広場でコンサートや花火とにぎやかな1日。前夜の予行演習から盛り上がっている。

3月～5月未定
コスプレフェスティバル　Animate It!
URL animate-it.ru

毎年春にコスプレイベントが開催され、ウラジオストクのアニメファンが集まる。アメコミ部門やアジア部門、ゲーム部門に分かれてコスを競い合う。日程や会場は年によって変わるので確認が必要。

4月～5月未定
ハンドメイドフェスタ
URL vladgum.ru

地元の手づくりアーティストが参加する販売イベント。ジャンルはアクセサリーから陶器、手芸作品まで多種多様。会場はグム百貨店裏。

夏 Лето

7月2日
市制記念日

2018年は市の建設から158年目。特に7月の第1土曜には民族衣装を着た人々のダンスやパレードが繰り広げられる。

7月下旬～8月
ウラジオストク・ロックス
(V-ROX)
URL vrox.org/en

ロシアを代表するウラジオストク出身のロックミュージシャン、イリヤ・ラグテンコさん（ムミー・トローリのリーダー）らが立ち上げた音楽フェスで、スポーツ湾のウォーターフロントの特設ステージで開催される。日本からも含め、国内外からの多くの若手アーティストがやって来て、町は熱気で盛り上がる。

7月最終日曜
※7/29(2018)
海軍の日

海軍のお祭りで、見ものなのはスポーツ湾で繰り広げられる戦艦のショーだ。町なかではコンサートなども行われる。

8月未定
極東国際音楽祭
(FAR EASTERN INTERNATIONAL FESTIVAL)

アジア各国やアメリカ、中南米からもアーティストが集い、マリインスキー劇場でコンサートが開かれる。

URL prim.mariinsky.ru/en

秋 Осень

9月中旬
国際映画祭アジア太平洋地域
(The International Film Festival for the Asian-Pacific Region)
URL pacificmeridianfest.ru

スポーツ湾に面したオケアン映画館をメイン会場として開催される。市内のホテルや劇場、博物館などで関連イベントもある。

9月未定
コーヒーフェスタ
(Kofevostok)

グム百貨店裏の路地をすべて埋め尽くすほどのコーヒー関連のブースが出店。アフリカのコーヒー農園とチャットで会話するワークショップや専門家によるレクチャーやビデオ上映会なども行われる。

9月第4週目の土曜
※9/22(2018)
ウラジオストク国際マラソン
(VLADIVOSTOK INTERNATIONAL MARATHON)

2015年より開催されているマラソン大会。ルースキー島をスタートし、普段は歩けないルースキー大橋や金角湾大橋を走り、ゴールは中央広場。ハーフマラソンや5kmコース、子供用1kmコースなどがある。参加申し込みは、ロシア国内のランニングイベントの総合サイトRussia Running (URL russiarunning.com/event) のイベント情報から「VLADIVOSTOK INTERNATIONAL MARATHON」を探し、希望のコースを登録し、カードで決済する。
URL jp.vladivostokmarathon.ru

1 ゴール目前のスヴェトランスカヤ通りを走る 2 道路を埋め尽くすランナーたち 3 参加者全員にメダルとグッズがもらえる

9月中旬〜下旬
タラバガニ祭り

市内のシーフードレストランで開催される。レストランについてはパシフィック・ロシア・フード(P.56)参照。
URL kingcrabrussia.ru

9月最終日曜
※9/30(2018)
「トラの日」パレード

ウラジオストクで最も盛り上がるフェイスペイントイベント。オケアンスキー大通りを市のシンボルであるトラに扮した仮装パレードが繰り広げられる。

1 トラはウラジオストクのシンボル 2 町中の人たちが仮装して通りを埋め尽くす

冬 Зима

11月中旬未定
ウラジオストク国際ジャズフェスティバル
(VLADIVOSTOK INTERNATIONAL JAZZ FESTIVAL)
URL primfil.ru

中央広場の前のフィラルモニアコンサートホールで開催される。毎年海外や日本からもアーティストが参加する。

12月下旬
「くるみ割り人形」上演
URL prim.mariinsky.ru

「くるみ割り人形」はチャイコフスキーの3大バレエのひとつ。クリスマスのストーリーのため、年末年始はマリインスキー劇場で連続上演される。

12月31日
カウントダウン

ウラジオストクのカウントダウンイベントは中央広場で行われる。派手な電飾ツリーや屋台も出て、花火も上がる。市内のバーの多くは朝まで営業し、各種イベントで盛り上がる。

Photo by Yuriy Smityuk

2月下旬
ウラジオストク国際アイスラン
(Vladivostok International ICE RUN)

冬の風物詩となったウラジオストクの氷上ハーフマラソン。6歳から13歳までが参加できる500mコースもあり、家族でも楽しめるイベント。日本からの参加者も年々増えている。
URL jp.vladivostokice.run

INFORMATION ウラジオストクの年間イベント情報

Vladivostok 107

ウラジオストクへの行き方

日本からウラジオストクへは成田国際空港と関西国際空港から直行便が運航している（2018年4月現在）。また鳥取県境港から韓国経由の国際フェリーが週1回運航している。

ウラジオストクには中国から国際バスで行く方法もある。中国吉林省や黒龍江省の各都市から国際バスが出ている。

✈ 飛行機 Самолёт

● 成田国際空港（毎日運航）

成田国際空港からはS7航空（週4便）とオーロラ航空（週3便）が運航している。所要2時間30分〜55分。季節により運航曜日に変更があることも。

● 関西国際空港便（週1便運航）

関西国際空港からはS7航空（週1便）が運航している。所要2時間5分。季節により運航曜日に変更があることも。

※大韓航空やアシアナ航空などの韓国系エアラインは1日数便のウラジオストク便を運航しており、ソウル経由で行くこともできる。

● S7航空

モスクワをはじめノヴォシビルスク、イルクーツクなどロシア東部をおもな拠点とする航空会社。アライアンスはワンワールド所属。
URL s7.ru

● オーロラ航空

サハリン航空とウラジオストク航空の合併で設立された航空会社。
URL uts-air.com/aurora

🚢 国際フェリー паром

2009年7月からDBSフェリーが鳥取県境港から韓国東海経由で週1便ウラジオストクへ国際定期船を運航している。

往路
境港発 19:00（土）・・・・・・・・・東海着 9:00（日）
東海発 14:00（日）・・・・・・・・・ウラジオストク着 15:00（月）

復路
ウラジオストク発 14:00（水）・・・・東海着 10:00（木）
東海発 18:00（木）・・・・・・・・・境港着 9:00（金）

（季節により発着日時に変動あり）

● DBSクルーズフェリージャパン（株）

住 鳥取県境港市昭和町 9-23 国際旅客ターミナル内
℡ 0859-30-2332　URL dbsferry.com/jp

● ウラジオストク支社

住 Морской Вокзал（客船ターミナル「海の駅」Room239）　℡ 230-2704

108　Vladivostok

電子簡易ビザの申請方法

2017年8月よりロシア沿海地方、すなわちウラジオストクの空路と航路の入国に限り、電子簡易ビザのネット申請が可能になった。以後、さらなる緩和が進むもよう。

もはやロシア大使館にビザを取りに行く必要はなくなった

● **ロシア電子ビザ申請サイト（日本語）**
FREE PORT OF VLADIVOSTOK E-VISA APPLICATION
URL electronic-visa.kdmid.ru/index_jp.html

ビザ申請の手順

1 「申請書入力へ移動する」をクリック

2 パスワードの入力

3 申請書番号の通知（プリントアウトできる）

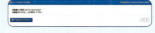

4 個人情報を入力する

5 入国予定日を決める。申請日の5日後以降の入国が可能

6 パスポートナンバー、個人のメールアドレスなどの入力

7 デジカメなどで自撮りした顔写真をアップロードする。写真については細かい仕様が書かれているので要確認のこと

8 最後に入力した内容を確認し、申請ボタンをクリックして終了

その後、ロシア大使館から「e-visa nontification」というタイトルのメールが届く。添付されたpdfが電子ビザで、これをプリントアウトし、パスポートと一緒にウラジオストクの空港で入国審査官に提示する。帰国まで電子ビザ通知書は必携のこと。

Vladivostok 109

ウラジオストク入出国

2017年8月よりロシア沿海地方の空路と航路の入国に限り、電子簡易ビザのネット申請が可能になったため、ウラジオストクへの旅行が格段に便利になった。入国時に必要書類のプリントアウトを忘れずに。

空港には2時間前までには到着しよう！

電子簡易ビザでの入出国はロシア沿海地方に限られるため、ハバロフスクなど他の地方に行くことはできないので注意。

日本からウラジオストクへ

1 空港到着
出口(выход)の案内板に従い、パスポートコントロールへ。

2 ロシア入国審査
ウラジオストクでの入国審査は、パスポートコントロールで事前に記入した入出国カードと電子簡易ビザの申請後にロシア大使館からメールで送られてきたe-visa nontification(電子ビザ通知書)をプリントアウトした用紙を渡す。審査後に入国スタンプの押されたパスポートと入国カード部分が切り取られた出国カードを返してもらうと完了だ。電子ビザ通知書と出国カードはロシア滞在中、パスポートとともに常に携帯しておく必要がある。

3 荷物受け取り
到着便名の表示されたターンテーブルから機内預け荷物を引き取り、係員にタグを見せる。紛失や破損の場合は、バゲージ・クレームзаявка на багажのカウンターで引換証(クレームタグ)を見せて交渉する。

4 税関審査
課税対象の物品(右記)を持っている場合のみ。所持品が免税範囲の場合は、そのまま出口へ。

5 到着ロビー
観光案内所や両替所などがある。市内への交通手段については→P.112。

ロシア入出国カード ※出国時まで必携

左と同様のデータを記入

ロシア入国時の免税範囲

酒類	18歳以上のみ。3ℓまで
たばこ	18歳以上のみ。紙巻き200本まで
通貨	外貨の持ち込みは無制限。US$1万相当額以上を持ち込む際は申告が必要
その他	€1500相当の以上の物品や重量35kg以上の物品を持ち込む際は申告が必要

機内持ち込み制限

●おもな制限品

刃物類(ナイフ、はさみなど)：持ち込み不可　　**液体物**：容量制限あり※
喫煙用ライター：ひとり1個のみ(機内預けの荷物に入れるのは不可)

※液体物(ジェル類、エアゾール類含む)は100mℓ以下の容器に入れ、さらに1ℓ以下の再封可能な透明プラスチック袋に入れた場合のみ持ち込み可能

●機内預け荷物重量制限

航空会社により多少異なるが、エコノミークラスなら、20〜23kgまでの荷物1〜2個を無料で預けることができる。制限重量を超えると超過料金を払うことになるので注意。

110　Vladivostok

ロシア出国時の持ち出し禁止例

通貨	無申告で持ち出せるのはUS$1万相当額まで。ルーブル現金は一定額持ち出し可
美術品	絵画だけでなく、骨董品やイコンなどの文物もロシア文化省の許可が必要

カニ缶	250gまで
キャビア	250gまで

空港でタラバガニが買える

空港1階ロビーにキャビアやイクラ、ボイルしたタラバガニ、ボタンエビなどの海産物を販売する店（→P.69）がある。きちんとパッケージしてくれるので、おみやげに買って帰る人が多い。

ウラジオストクから日本へ

1 搭乗手続き

利用航空会社のチェックインカウンターへ。eチケット控えとパスポートを提示し、搭乗券を受け取る。機内預け入れ荷物を預けて、引換証（クレームタグ）を受け取る。

日本へは直行便とソウル経由便のフライトがある

空港の1階に各航空会社のチェックインカウンターがある

2 出国審査

パスポートと搭乗券、出国カードを提出し、パスポートにスタンプをもらう。滞在中、出国カードを紛失してしまうと、出国時にトラブルになりかねないので注意。

3 セキュリティチェック

機内持ち込み手荷物のX線検査とボディチェックがある。ブーツも検査の対象になる。

4 出国エリアへ

免税店で最後の買い物を楽しむのもいい。搭乗案内のアナウンスがあれば搭乗ゲートへ。搭乗券とパスポートを提示して機内に乗り込む。

5 帰国

税関審査では、機内で配られた「携帯品・別送品申告書」を提出。別送品がある場合は2枚必要。提出後は到着ロビーへ。

携帯品・別送品申告書の記入例

● A面　　● B面

日本入国時の免税範囲

● 税関　www.customs.go.jp

酒類	3本（1本760mlのもの）
香水	2オンス（1オンスは約28ml。オー・ド・トワレは含まれない）
たばこ	紙巻き日本製200本、外国製200本、または葉巻50本、その他250g
その他	20万円以内のもの（海外市価の合計額）
おもな輸入禁止品目	麻薬、向精神薬、大麻、アヘン、覚せい剤、MDMA、けん銃等の鉄砲、爆発物、火薬類、貨幣・有価証券・クレジットカード等の偽造品、偽ブランド品、海賊版等

Vladivostok 111

空港から市内へ

ウラジオストク国際空港は、市内から北へ44km離れたアルチョム市にある。車で所要約1時間。移動手段は到着時刻や料金、荷物の量などを考えて選ぶことになる。

2012年に改装された現代的なターミナルビル

ウラジオストクの公共交通運賃は毎年1月に改訂され、数パーセント値上がりする。

ウラジオストク国際空港 Международный аэропорт Владивосток

ターミナルはコンパクトで、国際線と国内線の出発も到着も1階から。空港内にトラベルインフォメーションデスクやカフェ、みやげ店、海産物販売店、両替所、ATM、SIMカードの販売店などがある。

▶Map P.123-D1
URL vvo.aero

1階ロビーには軽食レストランやカフェがある

到着口そばにある携帯ショップモビルные ТелеСистемы (MTS)でSIMカードを購入できる。パスポート提示が必要で、5GBで500P

空港から市内へのアクセス

空港から市内へはバス、タクシー、鉄道などの3つの交通手段があるが、日本からのフライトは夜に到着する便なので、バスやタクシーを利用するのが一般的。

バス Автобус

空港前のバス乗り場からのウラジオストク駅行きのミニバス（107番）が1日に約10往復している。途中で乗客のリクエストに応じていくつかの場所で停車するため、ウラジオストク駅までは所要約1時間20分、料金は180P（スーツケース1個につきプラス95P）。ホテルへは駅からタクシーなどで向かうことになる。そのほかにも、ナホトカ行き、ウスリースク行きのバスもある。バスの時刻表は以下の公式サイトに掲載されているが、変更もあるので、事前に確認しよう。

URL vvo.aero/en/passazhiram/transport/avtobusy.html

バス乗り場は駅の真正面前にある。バスの番号に注意

タクシー Такси

空港前にタクシー乗り場がある。市内までは所要1時間、料金は1500Pが目安（荷物の量などで若干違う）。公式のエアポートタクシー以外にも、到着ロビーで待ち構えている白タク運転手もいて、到着便が遅れた場合など利用するしかないこともあるが、言い値で高めの料金を請求してくるケースもあるので、きちんと交渉したい。

エアポートタクシーを選んで乗ろう

鉄道 Аэроэкспресс

空港からウラジオストク駅までを結ぶ鉄道「アエロエクスプレス」がある。所要54分、料金230P（ビジネスクラスは360P）。乗り場は空港と直結していて、1階ロビーの到着口を背にして右側にゲートがある。乗車前にセキュリティチェックがある。ただし、運行は1日往復5本で、空港からウラジオストク駅へ向かう最終便も早いため、夜便で到着した場合は利用できず、現状では利用しにくい。時刻表は以下の公式サイトに掲載されているが、変更もあるので、事前に確認しよう。

URL vvo.aero/en/passazhiram/transport/aeroexpress.html

アエロエクスプレスは利用しにくいが、海沿いを走り、快適だ

ウラジオストク駅に向かって左側にアエロエクスプレスの駅がある

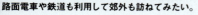
ウラジオストクの交通案内

市内のおもな観光ポイントはコンパクトにまとまっているが、路線バスやタクシーを上手に使うと行動範囲がぐっと広がる。路面電車や鉄道も利用して郊外も訪ねてみたい。

路線バス Автобус

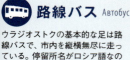

ウラジオストクの基本的な足は路線バスで、市内を縦横無尽に走っている。停留所名がロシア語なので、乗りこなすのは簡単ではないが、ぜひチャレンジしてみたい。

なるべく小銭を用意して乗ろう

降りるときは声をかけて

●路線バスの乗り方

ウラジオストクの路線バスは、後ろのドアから乗り、前のドアから降りる。降りる前に市内一律の料金23Pを運転手に渡す。次の停留所名は運転手がロシア語でアナウンスしてくれるが、事前に自分がどこで降りるか伝えておくといい。

バス路線の調べ方

ウラジオストクのバス路線は、キオスクなどで売っているバスマップ（Владивосток Транспортный）150Pを購入するか、市内バスサイトのroutes Vladivostokで調べることができる。

● routes Vladivostok
URL routes.one/vladivostok

観光に便利なおすすめバス3路線（15番、31番、59番）

キタイスキー市場やルースキー島など、郊外の観光スポットを訪ねるのに便利なバス路線が3つある。

1 15番
市内中心部から鷲の巣展望台やマリインスキー劇場に行くのに便利。終点はルースキー島の沿海地方水族館。

2 31番
ウラジオストク駅から東部に向かって走る路線で、鷲の巣展望台行きケーブルカー乗り場やウラジオストク国立サーカス、キタイスキー市場に行ける。

3 59番
市内を南北に結ぶ路線で、南の終点はトカレフスキー灯台の近く、北の終点は現代アートスポットのザリャー。

31番バスはウラジオストク駅前から出る

Vladivostok 113

ウラジオストクの交通案内

ウラジオストクの公共交通機関は基本的に一般市民向け。観光客の利便はあまり考えられていない。

🚕 タクシー Такси

ロシアではホテルなどで予約するのが一般的

車体に「TAXI」という文字と電話番号が書かれた車が正式なタクシーだ。メーター代わりにスマートフォンで乗車時間と距離に応じて運賃計算をするのが一般的。英語を話すドライバーもいるが、ロシア語しかわからない人も多いので、外国人が流しのタクシーをひろうのは難しい。ホテルやレストラン、カフェなどからタクシー会社に電話をかけて呼んでもらうといい。市内の移動の初乗りは200Pくらいから。深夜は追加料金になる。郊外を観光する場合は、半日または1日タクシーをチャーターできる。

路面電車 Трамвай

路面電車の運転手は女性が多い

市内中心部からスヴェトランスカヤ通りを東へ約5kmのエリアに、この町唯一の路面電車が走っている。東の終点のサハリンスカヤ（Сахалинская）から北の終点のミーニー・ゴロドク（Минный Городок）までは約5kmで、約20分かけてのんびり走る。車両は老朽化しているが、毎日6:02～22:30の間、5分おきに運行。路面電車に乗るには、31番バスに乗って所要20分ほどの場所にあるルガバヤ通り（Рынок луговая）で下車し、線路沿いの停留所で待つといい。料金は一律16Pで、路線バスと同様、小銭を用意しておこう。

遊覧船 Морские Экускурсии

ウラジオストク港のある金角湾からルースキー大橋までを周遊する遊覧船が中央広場の南のフェリーターミナル（客船ターミナル「海の駅」とは別）から出ている。夏期は毎日11:00から19:00までほぼ1時間おきに出航するが、秋以降、金角湾が氷結するまでの間は乗客が少ないため、チャーター運航になる。運賃は1時間コース700P、2時間コース1000P。

● 遊覧船乗り場　▶ Map P.124-B3
住 ул.Нижнепортовая 1д　℡ 904-629-9510　URL mostvl.ru

遊覧船はフェリー乗り場と同じ場所

まず金角湾から南に向かう

ルースキー大橋をくぐる

停泊している軍艦も見られる

🚢 フェリー Паром

遊覧船と同じフェリーターミナルから1日数便、ルースキー島の南にあるポポフ島やアムール湾の対岸にあるスラビヤンカなどへのフェリーが出ている。秋以降は本数が少ないので注意。

● フェリー時刻表
URL pereprava.su

夏はフェリーの利用が増える
航路図で目的地を確認

114　Vladivostok

ケーブルカー
Фуникулёр

鷲の巣台展望台にはバスでも行けるが、プーシキンスカヤ通りからケーブルカーが出ている。毎日7:00〜20:00まで運行。所要2分、運賃は14P。鷲の巣展望台までは遊歩道もあり、歩いて10分程度で上れる。

ケーブルカー乗り場

● **上の乗り場**
▶ Map P.125-C2
路線バス15番 Фуникулёр 下車、徒歩2分

● **下の乗り場**
▶ Map P.125-C2
路線バス31番 ДВГТУ 下車、徒歩2分

上の扉から乗り、下から降りる

上の乗り場。展望台まですぐ

下の乗り場。プーシキン劇場の隣

近郊電車（エレクトリーチカ）
Электричка

ウラジオストク駅から1日何本も空港のあるアルチョムやウスリースク方面に向かう近郊電車（エレクトリーチカ）が出ている。電車は海沿いを走るため、車窓の眺めはすばらしい。半日くらいのショートトリップに出かけるのも楽しい。

● **ウラジオストク駅**
URL vladivostok.dzvr.ru
※ Расписание が時刻表

近郊電車はウラジオストク駅の3本目のホームから出る

駅に向かって右側の入口。近郊電車のチケット売り場がある

郊外の小さな町に行くにはバスを利用する。帰りの時間もチェックしておこう。

列車の時刻が電光掲示板で出る。ローカルタイムで表示される

1階の待合室。発車時刻が来ると、アナウンスがある

近郊バス
Междугородный Автобус

ウラジオストクのバスターミナルから、ウスリースクやナホトカ、ハバロフスク方面へのバスが出ている。またウラジオストク駅の隣のアエロエクスプレスの駅前からもアルチョムやナホトカ行きバスが出ている。

● **バスターミナル** Автовокзал ▶ Map P.123-C2
ул.Русская 2а 232-2653 6:00〜22:00（チケット売り場 8:30〜17:15） URL primvokzal.ru/timetable（バス時刻表）

中国国境に近いスラビヤンカ方面から来たバス

バスターミナルは近郊電車のフタラヤレーチカ駅のそばにある

中国行きの国際バスもある

ウラジオストクからはお隣の国、中国行きの国際バスも出ている。チケットは地元の旅行会社Приморьеが販売している。

ул.Семеновская 7а URL atp.ritmteam.ru ▶ Map P.126-B1

ウラジオストク市内は時間帯によって渋滞が激しい

郊外に出ると、突然渋滞がなくなり、対向車も少ない

Vladivostok 115

ウラジオストクの歴史

日本海に面したロシア沿海地方の中心都市ウラジオストクが誕生したのは19世紀半ば。それ以前は、古代国家や先住民族が暮らす世界の最果ての地だった。一方、日本との歴史的な関係も深い。基本を頭に入れておこう。

ウラジオストクの歴史を知るには、アルセーニエフ記念国立沿海地方博物館（→P.76）を訪ねるといい。

1 ウスリースク郊外に広がる渤海国時代の遺跡群　2 ウデゲやナナイなどの先住民族の土地だった（アルセーニエフ博物館）

3 20世紀初頭の金角湾

4 再建されたニコライ2世（皇太子）凱旋門　5 2017年ロシア革命100周年の企画展が行われた（アルセーニエフ博物館）　6 対日戦争に使われたソ連軍の高射砲

7 戦勝記念日（5月9日）の様子　8 2017年発行の2000P札の図柄は金角湾大橋

年表	
紀元前1万年頃	最初の人類が沿海地方へ
紀元前800〜500年頃	海岸近くに先住民族の住居が現れる
698〜926年	渤海王朝がこの地を支配。日本との交易も
1115〜1234年	女真族による金王朝
14〜18世紀	明、清時代に一時期軍を送る。ロシアの東進の時代
1860年	北京条約によりロシアは沿海地方を併合（ウラジオストク誕生）
1871年	ウラジオストクを沿海地方の主港に移転
1876年	日本貿易事務館を開設
1881年	神戸ー長崎ー釜山ー元山ーウラジオストク航路開設
1891年	ニコライ皇太子、日本訪問。帰国時にウスリー鉄道起工式
1904年〜05年	日露戦争
1912年	敦賀・ウラジオストク航路に接続する欧亜国際列車（シベリア横断鉄道と連絡）の運行開始
1917年	ロシア革命始まる
1918〜22年	連合軍による軍事干渉。日本軍もウラジオストク出兵
1941〜45年	第2次世界大戦
1952〜91年	軍港として外国人の立ち入り禁止
1992年1月	対外開放
2012年9月	ルースキー島でAPEC開催
2017年8月	日本他18ヵ国に電子簡易ビザの発給を開始

旅の安全対策

ウラジオストクは親日的な町で、日本人に対して友好的に接してくれる人が多い。とはいえ、ここは外国。日本との違いも理解しておこう。

事前に知ってトラブルはできるだけなくそう

INFORMATION

ウラジオストクの歴史／旅の安全対策

治安
ウラジオストクはロシア国内では比較的治安がいいといわれているが、郊外の市場などの雑踏では盗難が起きているし、バーなどでは酔っ払いによる喧嘩に巻き込まれるなどの被害も稀にある。

病気・健康管理
夏は快適に過ごせるが、冬季は寒冷な気候で風も強いことから、実際の気温よりも寒く感じることも。ホテルやレストランなど屋内は暖房が十分効いているぶん、戸外での寒暖差が大きく体調を崩しやすいので気をつけよう。

海外旅行保険
海外でけがや病気をして医者に診てもらうと、全額自己負担になってしまう。海外旅行保険には必ず入っておこう。日本語医療サービスに対応している保険なら、いざというときに安心だ。保障内容や連絡先は確認しておくこと。

こんなことにも気をつけて！

● 荷物は肌身離さず
ウラジオストクでの盗難やスリはほとんどないが、混雑した路線バスや市場などの人ごみでは注意が必要だ。リュックは前に、ショルダーバッグは肩ひもを斜めにかけて体の前に持つようにしよう。

● 飲食店でも気にかけよう
飲食店の中でも安心せず、荷物をひざの上に置くなど体から離さないこと。特に人が行き交う道路や広場に面したテラス席では気にかけよう。

● 宿泊先でも荷物管理はしっかりと
たとえ短時間でも、スマートフォンやパソコン、財布などを置いたまま部屋を空けるのは禁物。貴重品は常にセーフティに入れるか、身に着けていること。また、高価な衣類やパソコンはすべてスーツケースに入れ、鍵をかけておくこと。

緊急連絡先

| 消防 | 01 | 警察 | 02 | 救急 | 03 |

在ウラジオストク日本国総領事館
Генеральное консульство Японии во Владивостоке
226-7481

クレジットカード会社
※コレクトコール（日本語対応）

● VISA
1-303-967-1090※

● JCBカード
81-422-40-8122※
（日本のコレクトコール先）

● アメリカン・エキスプレス
44-20-8840-6461※

● Mastercard
1-636-722-7111※

Vladivostok 117

ミニロシア語会話

文章で伝えようとするのは難しいが、ポイントとなる単語を頭に入れておきたい。

ロシア語で用いられているのはキリル文字と呼ばれる、33文字のアルファベット。発音は比較的簡単でローマ字読みすればいい。

知っておきたい短いフレーズ

私の名前はケン／カナです。
ミニャー ザヴット ケン／カナ
Меня зовут Кен / Кана.

もう一度言ってください。
スカジーチェ イッショー ラース
Скажите, ещё раз

充電したいです。
ヤ ハーチュ ザリャザーチ
Я хочу заряжать.

私は日本人男性／女性です。
ヤ イポーニェツ／イポーンカ
Я японец / японка.

書いてください。
ナピシーチェ バジャールスタ
Напишите, пожалуйста.

トイレはどこですか?
グジェトゥアレット
Где туалет?

理解しました。
ヤポーニル(男性)／ヤパニラー(女性)
Я понял　／Я поняла

〜はどこですか?
グジェ〜?
Где~?

いいですね。
ハラショー
Хорошо.

理解していません。
ヤ ニ パニマーユ
Я не понимаю.

ここでWi-Fiは使えますか?
グジェ ジェーシ ワイファイ
Где здесь Wi-Fi?

すみません。
プラスチーチェ
Простите

レストラン・ショッピング・ホテル

おすすめ料理は何ですか?
シトー ヴイ パサヴェートゥイエチェ
Что Вы посоветуете ?

メニューをください。
ダイチェ メニューパジャールスタ
Дайте меню, пожалуйста.

おいしいです。
フクースナ
Вкусно.

これは何ですか?
シトー エタ タコエ
Что это такое?

これはロシア語で何と言いますか?
カーク エータ パルースキ
Как это по-русски?

いくらですか?
スコーリカ エタ ストイト
Сколько это стоит?

気に入りました。
ムニェ パヌラーヴィラス
Мне понравилось.

お勘定お願いします。
スショート パジャールスタ
Счёт пожалуйста.

このカードが使えますか?
ヴィ プリニマイチェ エトゥ クレジットヌユ カルトゥ?
Вы принимаете эту кредитную карту?

気に入りません。
ムニェ ニ ヌラヴィッツァ
Мне не нравится.

〜が欲しいです。
ヤー ハチュー〜
Я хочу~.

部屋に鍵を置き忘れました。
ヤ ザビル クリューチ フ ノーメレ
Я забыл ключ в номере

病気・トラブル

熱があります。
ウ ミニャ イェスチ テンペラトゥーラ
У меня есть температура.

ここが痛みます。
ジェーシ バリート
Здесь болит.

吐き気がします。
ミニャー タシニート
Меня тошнит.

近くに病院はありますか?
イェースチ パブリーザスチ バリニーツァ
Есть поблизости больница ?

パスポートをなくしました。
ヤー パチェリャール パースパルト
Я потерял паспорт.

財布を盗まれました。
ウ メニャー ウクラーリ カシェリョーク
У меня украли кошелёк.

緊急時

助けて!
パマギーチェ
Помогите!

あっちに行って!
イジーチェ アトシューダ
Идите отсюда!

危ない!
アスタロージュナ
Осторожно!

日本大使館に連絡してください。
ヤー ハチュー パガヴァリーチ ス パソーリストヴァム イポーニイ
Я хочу поговорить с посольством Японии.

ウラジオストクの最新情報をゲット！

日本にいちばん近いヨーロッパ

ウラジオストクはロシア沿海地方の南部に位置し、日本海に突き出たムラヴィヨフ・アムールスキー半島の南端の金角湾と呼ばれる天然の良港を中心に広がる坂の多い町である。札幌市とほぼ同緯度（北緯43度、東経132度）にあり、新潟市からの直線距離は約800km。成田空港からのフライト時間はわずか2時間30分。「日本にいちばん近いヨーロッパ」といわれるゆえんである。

今ウラジオストクが注目される理由

ウラジオストクは帝政ロシアが19世紀半ばに建設を始めた港町で、20世紀以降、港湾都市として発展を続けてきた。冷戦の時代となる1952年に軍事上の理由から一時閉鎖都市となったが、1992年に外国人に開放。現在はロシア沿海地方の政治・経済・文化の中心となっている。また2012年にはルースキー島でAPECサミットが開催され、ロシアの「アジア太平洋への窓口」として近隣アジア諸国との交流も盛んになっている。町には日本車があふれる一方、日本人にとって新鮮なロシア文化に手軽に触れられることから、旅行者も急増。リピーターも現われ始めている。

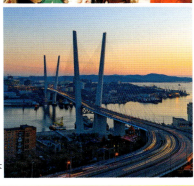

上　ウラジオストクのコスプレイヤーたち　下　金角湾大橋の現代的なシルエットは夕景に映える

ウラジオストク情報　3つの最強サイト
知られざるウラジオストクの魅力を伝えるリアルな情報源はここにある。

ウラジオストク最新情報の決定版
ウラジオ.com
URL urajio.com

ウラジオストクで旅行会社を運営する宮本智さんが発信する情報サイト（情報量がハンパない）。車や体験ツアーなどを柔軟に手配してくれ、滞在中の困りごとにもていねいに対応。「ウラジオストクの人々と旅行者の交流をサポート」をモットーに奮闘中。

極東ロシア送客No.1ならではの情報力
旅のコンシェルジュデスク「RTB」by JATM
URL www.jatm.co.jp/top2

ウラジオストク以外にも、シベリアやヤクーツク、サハリンなど極東ロシア全域をカバーする専門性は随一。豊富な情報力を駆使し、ツアーも多数企画。お仲間旅行のオーダーメイドも得意。

未知なるウラジオストクをロシアから発信
Discover Vladivostok
URL vladivostok.travel/jp

現地PR会社のPacific Russia Tourism Allianceが運営する旅行サイト。極東ロシアの豊かな自然やユニークな先住民文化など、日本人にとって新鮮な情報を発信している。個性的なレストランやバー、ホテルの情報も満載。

在ウラジオストク日本国総領事館　URL www.vladivostok.ru.emb-japan.go.jp/itprtop_ja/index.html

Vladivostok　119

INDEX

ウラジオストク駅前に郵便局がある。日本に絵はがきなどを送るなら行ってみよう。

●観光

	ページ	MAP
アートエタッシュ	80	P.127-C2
アルセーニエフ記念国立沿海地方博物館	76	P.124-B2、126-B2
アンドレイ教会	25	P.127-D3
イゴリチェルニゴフスカバ教会	25	P.126-B1
入野義朗生家	96	P.96
ヴァローシロフスカヤ砲台	91	P.123-C3
ウスペーニア教会	25	P.125-C3
ウスリースク	40	P.122-A3
ウスリースク市郷土歴史博物館	41	P.41
海辺通り	83	P.126-A1
ウラジオストク駅	12	P.124-B3、126-B3
ウラジオストク国立サーカス	87	P.125-D2
ウラジオストク市博物館	79	P.127-D3
エメラルド・バレー	41	P.41欄外
沿海地方水族館	90	P.123-C3
オケアン映画館	75	P.126-A2
カザンスキー教会	25	P.123-C2
ガラスビーチ	93	P.123-D2
客船ターミナル「海の駅」	75	P.124-B3、126-B3
旧市街(ウスリースク)	41	P.41
旧杉浦商店	96	P.96
旧朝鮮銀行	96	P.96
旧東洋学院	97	P.97
旧日本人小学校	96	P.96
旧日本国総領事館	96	P.96
旧堀江商店	96	P.96
旧松田銀行部	97	P.96
極東連邦大学(FEFU)	91	P.123-C3
金角湾大橋	87	P.125-C3
クラシックカー博物館	92	P.123-C2
クラースヌイ・ヴィムベル軍艦	79	P.127-C3
ケーブルカー乗り場	18,115	P.125-C2
ゴーリキー劇場前広場	79	P.127-D2
国立沿海地方美術館	77	P.126-B2
サナトールヤ	38	P.123-C2
サムセベ・ヴェラシベード(レンタサイクル)	83	P.83
ザリアナ	33	P.126-B2
ザリャー	93	P.123-C2
シベリア抑留者慰霊碑	97	P.123-D1

	ページ	MAP
市民公園(ウスリースク)	41	P.41
生神女庇護聖堂(ウスリースク)	41	P.41
シンハンドン	36	P.122-A3
スハーノフの家博物館	86	P.127-D2
セルゲイ・チェルカソフ・ギャラリー	84	P.126-B1
潜水艦C-56博物館	80	P.127-D3
太平洋艦隊博物館	87	P.125-C3
中央市場(ウスリースク)	41	P.41
中央広場	75	P.124-B2
ティグレ・デ・クリスタル	93	P.123-D2
ディナモ・スタジアム	85	P.126-A1
トカレフスキー灯台	92	P.123-C2
ニコライ2世凱旋門	79	P.127-D3
人形劇場	78	P.127-D3
ノヴォシリツェーフスカヤ砲台	91	P.123-C3
パクロフスキー教会	25	P.124-B1
フィラルモニアコンサートホール	76	P.126-B2
プーシキン劇場	97	P.97
二葉亭四迷のゆかりの地	97	P.97
プリモルスキー・サファリパーク	93	P.123-D1
噴水通り	82	P.126-D2
渤海国遺跡の丘	41	P.41欄外
マリインスキー劇場	48、90	P.123-A2
ミリオンカ	85	P.126-B1
遊覧船乗り場	114	P.124-B3、126-B3
要塞ナンバーセブン	93	P.123-C2
要塞博物館	83	P.126-A1
ルースキー大橋	91	P.123-C3
ロシアにおける柔道発祥の地	97	P.97
鷲の巣展望台	16	P.125-C2

●グルメ

	ページ	MAP
Iki	59	P.124-B2
ウイスキーバー	63	P.126-B1
ヴィシュネーブニー・サド	61	P.126-B1
ウフティプリン	53	P.126-B1
炎(えん)	59	P.126-A3
カフェイン	23	P.21
カフェ・プーシキン	84	P.126-B1

120　Vladivostok

	ページ	MAP
カフェマ〔ウボレーヴィチ通り店〕	34	P.127-C2
カフェマ〔広場店〕	34	P.126-B2
クヴァルチラ30	31	P.126-B1
グスト	23	P.21
グレースカフェ	87	P.87
サツィヴィ	58	P.126-B3
シャシリクオフ	59	P.126-B1
シャリク・マロージュナヴァ	21	P.21
ショコラドニッツア	77	P.126-B2
ションケル	21	P.21
シンジケート	63	P.125-C1
ズーマ	84	P.126-A1
スターローヴァヤ・ノメルアジン（駅前店）	55	P.126-B3
スターローヴァヤ・ミヌート（アレウーツカヤ通り店）	55	P.126-B3
ストゥディオ	77	P.126-B2
スプラ	84	P.126-A1
スポイフェーテ	53	P.126-B2
ZEYTUN	83	P.83
ダブ	59	P.126-B2
Tokyo Kawaii	89	P.126-B1
ニビーニー・ラーダスチ	22	P.21
ニルィダイ	54	P.126-B2
ネコカフェ「ヴァレリヤニチ」	27	P.126-B2
パラウフィッシュ	57	P.127-D2
ビッグブッダ	22	P.21
ビャーティー・オケアン	85	P.124-A1
ビラジョーチニッツア	53	P.126-B3
ビロガバヤ	61	P.127-C1
フスピシュカ	21	P.21
フローバク	77	P.126-B2
プロコーヒー	80	P.127-C2
ベーカルナヤ・ミッシェラ（スハーノフ公園前店）	60	P.127-D2
ベーカルナヤ・ミッシェラ（スヴェトランスカヤ通り51店）	61	P.127-D3
ホーリーホップ	63	P.127-C2
ホフロマ	75	P.124-A3
ポルトカフェ	56	P.125-C1
ポルトフランコ	77	P.126-B2
マーリーグム・フードコート	80	P.127-D2
ミッシェル	57	P.127-C2
ムーンシャイン	62	P.126-B2
ムミー・トローリ	63	P.126-B1
ラコムカ（スヴェトランスカヤ通り店）	61	P.126-B2
リパブリック（駅前店）	55	P.126-B3
ローシキ・ブローシキ	53	P.126-B2

● ショッピング

	ページ	MAP
ウベージシェ14	88	P.126-B2
キタイスキー市場（通称）	64	P.123-C2
ギベルマルケット・ヴラゼル（VLマート）	66	P.125-C1
グム百貨店	20	P.124-B2、127-C2

	ページ	MAP
スペルマルケット	67	P.126-B3
スンドゥク	84	P.126-B2
中央広場の週末市	65	P.124-B2
ディラン	68	P.124-A3
ニヴェリスコイ	84	P.126-B2
24	67	P.126-A3
花屋通り	77	P.126-B2
パヴラヴァバサッツカヤ・プラーチナヤ・マヌファクトゥーラ	71	P.127-C2
ピエルバヤレーチカ	65	P.125-C1欄外
ビューロナホーダク	21	P.21
フォルムラ・ルカデリヤ	33	P.126-B2
フラグマン	80	P.127-C2
ブラッド・ギフツ	75	P.127-C3
ブラッド・クニギ	71	P.126-B2
プリモールスキー・カンデーチェル	69	P.126-B2
プリモールスキー・ミョード	65	P.124-B2
フレッシュ25	66	P.126-B1
フロツキー・ウニベルマーク	72	P.126-B2
ボリショイ・グム	21	P.21
マルカ	72	P.126-B3
モーレ	83	P.83
ラリテット	72	P.126-B3
ルィーブニー・オーストラバク	69	P.123-D1
ルガバヤ市場	65	P.123-C2
ルスカヤゴールニッツァ	71	P.127-C2
ルナイグロシ	72	P.126-B2

● ホテル

	ページ	MAP
アジムト	98	P.126-A2
アジムト・アムールスキーザリフ	99	P.124-A3
イズバ	100	P.126-B1
ヴェルサイユ	99	P.126-B2
ウスリースク	100	P.41
エクヴァートル	99	P.126-A2
ギャラリー＆モア	100	P.126-B2
サンライズアパートメンツ	100	P.127-C1
ジェムチュージナ	99	P.124-A3
シビールスコエ・バドヴォーリエ	100	P.127-C1
テプロ	100	P.124-A3
ヒュンダイ	99	P.127-C2
プリモーリエ	99	P.124-A3
マリャーク	99	P.126-B2

	ページ	MAP
ウラジオストク国際空港	112	P.123-D1
在ウラジオストク日本国総領事館	119	P.123-C2
バスターミナル	115	P.123-C2

Vladivostok **121**

STAFF

Producer
鹿野博規　Hironori Shikano

Editor
中村正人　Masato Nakamura

Writers
中村正人　Masato Nakamura
宮本智　Tomo Miyamoto

Photographers
佐藤憲一　Kenichi Sato
Yuriy Smityuk
Discover Vladivostok photbank
写真協力　©iStock

Designers
花澤奈津美　Natsumi Hanazawa
滝澤しのぶ　Shinobu Takizawa（atelier PLAN Co.,Ltd）.
高野胡桃　Kurumi Takano（atelier PLAN Co.,Ltd）.
山中遼子　Ryoko Yamanaka
中田梨絵　Rie Nakada（View Planning Co.,Ltd）.
川野茉莉　Matsuri Kawano（View Planning Co.,Ltd）.
株式会社エストール　STOL Co.,Ltd.

Illustration
朝倉めぐみ　Megumi Asakura
株式会社アトリエ・プラン　atelier PLAN Co.,Ltd.

Map
株式会社ジェオ　GEO Co., Ltd.
株式会社アトリエ・プラン　atelier PLAN Co.,Ltd.

Proofreading
有限会社トップキャット　Topcat
佐藤あゆむ（ロシア語）　Ayumu Sato

Special Thanks
ウラジオ.com
ジャパン・エア・トラベル・マーケティング（JATM）
TRAVEL PLANET
Discover Vladivostok
А．アレックス
Анастасия Пестовская

地球の歩き方
[ぷらっと]
Plat
VLADIVO STOK
⑰ ウラジオストク
2018年5月2日　初版発行

著作編集　地球の歩き方編集室
発行所　株式会社ダイヤモンド・ビッグ社
　　　　〒104-0032 東京都中央区八丁堀2-9-1
編集部　TEL.（03）3553-6667
広告部　TEL.（03）3553-6660　FAX.（03）3553-6693
発売元　株式会社ダイヤモンド社
　　　　〒150-8409 東京都渋谷区神宮前6-12-17
　　　　販売 TEL.（03）5778-7240

Published by Diamond-Big Co.,Ltd.
2-9-1 Hatchobori, Chuo-ku, Tokyo, 104-0032 Japan
TEL.(81-3) 3553-6667 (Editorial Section)
TEL.(81-3) 3553-6660 (Advertising Section)
FAX.(81-3) 3553-6693 (Advertising Section)

● **読者投稿**
〒160-0022 東京都新宿区新宿3-1-13 京王新宿追分ビル5F
株式会社地球の歩き方T&E
地球の歩き方サービスデスク「Plat ウラジオストク」投稿係
FAX.（03）5362-7891
URL www.arukikata.co.jp/guidebook/toukou.html

● **地球の歩き方ホームページ（海外旅行の総合情報）**
URL www.arukikata.co.jp

● **ガイドブック『地球の歩き方』（検索と購入、更新・訂正・サポート情報）**
URL www.arukikata.co.jp/guidebook

〈ご注意ください〉　●本書は、年月表示のないものは2017年11月～2018年3月の取材データに基づいて作られています。発行後に変更されたものについては『地球の歩き方』ホームページの「ガイドブック更新情報掲示板」で可能なかぎり最新のデータに更新しています。URL support.arukikata.co.jp　●本書の内容（写真・図版を含む）の一部または全部を、事前に許可なく無断で複写・複製し、または著作権法に基づかない方法により引用し、印刷物や電子メディアに転載・転用することは、著作者および出版社の権利の侵害となります。All rights reserved. No part of this publication may be reproduced or used in any form or by any means, graphic, electronic or mechanical, including photocopying, without written permission of the publisher. 落丁・乱丁本はお手数ですがダイヤモンド社販売宛にお送りください。送料小社負担にてお取り替えいたします。ただし、古書店で購入されたものについてはお取り替えできません。

印刷製本　ダイヤモンド・グラフィック社　Printed in Japan　禁無断転載©ダイヤモンド・ビッグ社2018　ISBN978-4-478-82190-9